스타 강사 마키아벨리, 군주론을 강의하다

노량진 군주론

스타 강사 마키아벨리, 군주론을 강의하다

홍세훈 지음

위즈덤하우스

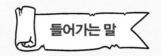
들어가는 말

"인간들이란 잘 보살펴 주든지 아니면 아예 완전히 파멸시켜야 한다."
"사람들은 아버지의 죽음은 금방 잊어버려도 아버지가 남긴 유산을 잃는
것에 대해서는 절대 잊지 않는다."
"권력을 유지하려면 악덕으로 인해 오명을 얻는 것에 개의치 말아야 한다."

마치 사악한 악마의 속삭임 같은 이런 조언을 하는 고전이 있다? 바로 니콜로 마
키아벨리Nicolo Machiavelli의 《군주론Il Principe》입니다. 권력자의 악행을 부추기는
듯한 문구들 탓에 출간 뒤 수백 년 동안 '악마의 저서'라는 욕을 먹었지만, 이제는
반드시 읽어야 할 고전으로 누구에게나 인정받는 책이지요.
　《군주론》은 16세기 초 여러 개로 분열된 이탈리아의 도시 국가들 중 하나인 피
렌체에서 처음 출간되었습니다. 《군주론》을 쓴 마키아벨리는 피렌체 정부의 외교
관이었습니다. 프랑스, 스페인 등 주변 강대국의 위협 속에서 피렌체의 안전을 지
키기 위해 늘 동분서주했던 그는 강력한 통일 이탈리아의 건설만이 자신의 조국
에 굳건한 평화를 가져다 줄 것이라 믿었습니다. 그리고 그러한 대업을 이루기 위
해선 강력한 리더가 필요할 것이라고 보고, 그를 위한 조언을 담은 《군주론》을 집
필했습니다.
　500년 전 이탈리아 반도의 작은 도시 국가의 군주를 위해 쓴 지침서가 어떻게
시대를 초월한 고전이 되었을까요? 그 이유 중 하나는 《군주론》이 '인간이 어떻게
살아야 하는가'가 아니라 '인간이 실제 어떻게 사는가'를 솔직하게 서술한 책이기

때문입니다. 《논어論語》, 《맹자孟子》, 《국가Politeia》 등 많은 고전들은 우리에게 이 상적인 인간과 사회로 나아갈 것을 권하고 있습니다. 마키아벨리가 살던 당시 군주를 위한 고전이었던 마르쿠스 툴리우스 키케로Marcus Tullius Cicero의 《의무론De Officils》은 "속임수는 교활한 여우나 할 짓이고, 물리적 힘은 사자에게나 어울릴 것이다"라는 말로 군주의 덕치德治를 강조했습니다.

하지만 마키아벨리는 군주가 오히려 여우와 사자를 닮아야 한다고 주장합니다. 즉, 군주는 필요하다면 자신의 안전을 위해 신의를 저버릴 수도 있어야 하고, 누구도 함부로 자신을 넘볼 수 없도록 강력한 군사력을 갖춰야 한다고 강조했습니다. 인간은 "배은망덕하고, 변덕스럽고, 위선과 가장에 능"하며《군주론》17장), "대부분의 사람이 선하지 않은 세상에서 선하게 행동하려는 사람은 얼마 못 가서 파멸하고 말 것"이기 때문입니다《군주론》15장). 《군주론》은 당시의 고전이 전달하는 통념을 거부하고 인간에 대한 새로운 해석을 솔직하고 과감하게 제시하여 많은 사람들에게 깊은 인상을 주었습니다.

우리에게 《군주론》이 고전으로 남은 또 하나의 이유는 '운명'과 '인간의 의지'라는 삶의 영원한 주제에 대한 성찰을 담고 있기 때문입니다. 《군주론》을 관통하는 두 가지 개념은 운명을 의미하는 '포르투나fortuna'와 포르투나에 맞서는 용기, 역량, 능력 등을 의미하는 '비르투virtu'입니다. 뛰어난 역량을 갖춘 영웅들이 한순간에 몰락하는 것을 목격하면서, 마키아벨리는 포르투나와 비르투의 관계에 대해 끊임없이 질문했습니다. 인간은 운명의 힘에 굴복할 수밖에 없는 존재인가? 우리는 어디까지 우리의 운명을 개척할 수 있는가?

《군주론》은 포르투나의 강력함을 인정하면서도, 인간에게는 자유의지가 있음을 강조합니다. 비록 포르투나가 우리의 삶을 지배한다고 할지라도, 우리가 최선을 다해 그에 맞선다면, 적어도 운명의 나머지 반은 우리의 비르투에 달려 있다고 말합니다. 어차피 예측할 수 없다면 주저하지 말고 과감하게 운명에 맞서라. 그것이 시대를 초월해 운명과 인간의 의지에 대해《군주론》이 전하는 메시지입니다.

《군주론》이 고전이 된 이유는 오늘날 우리가 군주론을 읽어야 하는 이유이기도 합니다. 지금 한국 사회는 경기침체로 인한 높은 실업률과 인구고령화 등의 어려움을 겪고 있으며, 이는 생산 공정의 자동화와 AI의 도입으로 앞으로 더 심각해질 전망입니다. 이러한 상황에서 텔레비전은 현실을 잊게 하는 먹방 프로그램들로, 서점가는 따뜻한 위로를 전하는 책들로 범람합니다.

고달픈 현실과 예측할 수 없는 거대한 미래를 마주한 지금, 달콤한 위로의 말과 때로는 현실 도피도 필요하지만 냉철하게 현실을 직시하고 대담하게 운명에 맞서는 자세가 필요합니다. 500년 전 혼란 속의 피렌체에서 인간 사회를 정면으로 바라보고 운명과 인간의 의지를 성찰했던 마키아벨리의 조언은 그 어느 때보다 지금 우리에게 절실하게 와 닿을 것입니다.

이 책은 이런 점을 염두에 두고 그렸습니다. 여기 등장하는 유비, 관우, 장비는 현실의 벽 앞에서 힘들어 하는 우리들의 모습입니다. 노량진 스타 강사 마키아벨리가 전하는《군주론》의 가르침에 공감하는 이들의 모습을 보며, 여러분들도《군주론》의 매력에 흠뻑 빠지시길 바랍니다.

2018년 8월
홍세훈

책맥이라는 좋은 취미를 가졌습니다

마키아벨리
《군주론》의 저자. 16세기 초 피렌체의 외교관으로 활동했으며, 소설가, 희곡작가로도 당대에 유명세를 얻었다(여기까지는 역사적 사실). 피렌체 도서관에서 우연히 시간 여행 책을 여는 바람에 삼국지 시대(3세기) 중국으로 오게 되었다. 이후 중국의 노량진(?)에서 《군주론》 강사로 활동하고 있다.

유비
마키아벨리의 강의를 들으며 난세의 평정을 꿈꾸는 백수. 의형제인 관우, 장비와 함께 황건적 토벌에 공을 세워 중원의 영웅으로 떠오르는 듯했으나, 세력을 키우지 못하고 이리저리 떠돌다 노량진에 와서 《군주론》 수업을 듣게 되었다. 냉혹한 인간 현실을 들춰내는 《군주론》의 가르침에 혼란스러워 한다.

관우
유비의 의형제. 혼란한 세상에 평화를 가져다 줄 사람이 유비라고 믿으며, 무보수에 4대 보험도 제공하지 않는데도 늘 유비의 곁을 지키는 의리의 사나이. 말수는 적지만 유비가 하는 말에 맞장구를 잘쳐주고, 가끔 형들에게 기어오르는 장비를 눌러주는 역할을 담당한다.

장비
유비의 의형제 막내. 우유부단하고 답답한 유비와 지내다보니 분노조절장애가 왔지만, 그래도 정 때문에 떠나지 못하고 어찌 되었든 형들과 끝까지 가 보려 한다. 겉보기엔 우둔해보이고 《군주론》 수업 시간에도 늘 졸지만, 가끔씩 촌철살인의 말을 던지며, 《군주론》에 대한 이해도 높다.

차례

1교시

어서 와,
《군주론》 강의는
처음이지

그동안 조조와 손권은 엄청나게 성장하여
지금 천하를 두고 다투고 있는 반면

우리는 고시원에서 라면에 김치만
먹으며 지내는 상황이다.

이곳 노량진 피렌체학원에서 한 강사가 '최고의 군주가 되는 법'에 대한 강의로

그야말로 대박을 치고 있다는 소식을 들었지.

이미 누구인지 독자들도 다 예상하고 있는 해외파 스타 강사!

그분 수업을 수강해야 해!

아저씨, 수강 인원이 다 차서 안 된다고 몇 번을 말씀드려요.

빠이투어러 (拜托了, 부탁합니다)

왜들 소란인가?

핫, 당신이 바로…

노량진 최고의 군주학 스타 강사

니콜로 마키아벨리!

교수님, 수업 인원이 다 찼는데 이분들이 자꾸 받아달라고 떼를 써서…

제 강의는 위대한 군주가 되기 위한 지침을 담은 《군주론》을 강독하는 수업입니다.

1550년판 표지

제가 《군주론》을 쓴 것은 1514년 이탈리아에서였습니다.

지금 중국이 하나로 통일되지 못하고 분열되어 있는 것처럼

난 언제 저기 껴보나

당시 이탈리아도 여러 개의 도시국가로 분열되어 있었습니다.

그래서 힘을 하나로 모으지 못하고 늘 주변 강대국들의 위협 속에서 살아야 했죠.

저는 이탈리아의 도시국가 중 하나인 피렌체의 외교관이었습니다.

우와 공무원!

지금은 9급도 힘든데.

이탈리아의 평화를 위해서는 통일 이탈리아를
건설할 강력한 리더가 필요함을 깨달은 저는

그러한 리더가 따라야 할 지침들을 담은
《군주론》을 집필했습니다.

이후 역사 속에서 저 마키아벨리는 수많은
사람들의 비난의 대상이 되어 왔습니다.

악의 교사!

사악한
정치이론가!

그도 그럴 것이 《군주론》엔 일반 대중에게
충격적인 내용들이 적지 않거든요. 예를 들어…

"…다른 사람의 재산에
손을 대지 말아야 한다."

"왜냐하면 사람들은 아버지의 죽음은
금방 잊어버려도 아버지가 남긴 유산을
잃는 것에 대해서는 절대 잊지 않기 때문이다?!"

그런 탓에 마키아벨리는 사악함의 대명사로
불리곤 합니다. 영어사전에서 'Machiavellian'을
찾으면 '교활한', '권모술수에 능한' 등의
뜻이 나오죠.

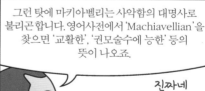

진짜네

모두가 그렇게 생각한 것은 아닙니다. 예를들어 프랜시스 베이컨은 이렇게 말했죠.

"우리는 인간이 어떻게 행동
해야 하는가가 아니라 실제
어떻게 행동하는가를 쓴
마키아벨리와 여러 사람들에게
큰 신세를 졌다."

프랜시스 베이컨
(1561~1626)

잠깐만요, 당신은 16세기 이탈리아에서 살았다고 했는데 어떻게 지금 여기 있는 거죠?

여기는 3세기 중국이라고요.

형님, 스마트폰은 치우고 얘기하시죠.

그 일은… 피렌체의 한 도서관에 있을 때 일어났습니다.

서가를 거닐며 읽을 만한 책을 찾던 중

《미국, 어디까지 알고 있니?》

흠… 재미있을 것 같은데?

우연히 푸른 빛이 감도는 기이한 책을 보게 되었습니다.

응? 뭐지 이 책은?

휙

그 책을 연 순간…

파앗

?!

뭐야 이 어린이 학습만화 같은 전개는!

슈우웅

정신을 차려보니 3세기 중국에 와 있었습니다.

서기 201년?!

중국?!

시간여행을 하게 하는 마법책이었던 것이죠.

처음엔 적응하기 힘들었지만

군만두 서비스입니다.

스파게티 먹고 싶다…

군주론 강의가 대박 나서 이렇게 잘 살고 있네요.

이 만화 혹시 판타지물인가?

자, 그럼 저는 이만…

수업시간에 봅시다.

포르투나와 비르투

드디어 첫 수업인가!

수강생들 눈빛이 예사롭지가 않습니다. 형님.

군주가 되고자 하는 사람들이니까.

어머! 유비님 아니세요?!

아… 누구신지?

반가워요. 초선이라고 해요.

유비님 명성은 익히 들었답니다.

아유 별말씀을.

저는 고향에서 편의점 아르바이트를 하다가
군주의 꿈이 생겨 공부를 시작했어요.

이쁜아,
오빠랑 데이트
할까?

꼭 군주가 되어서
이딴 인간들을 확…

딸꾹

혼자 공부하려니까 역시 어려워서

나오지마 엄마

전화혀라

마선생님 강의를 들으러
고향을 떠나왔죠.

종종 만나면
인사하고 지내요.

아 네. 파이팅입니다.

다들 열심히
사는구나.

우리도 분발
해야겠습니다.

본 조르노.

아얏!

마키아벨리
선생님!

반갑습니다.
《군주론》의 저자
니콜로 마키아벨리입니다.

저자 직강!

❖ 헌정사 ❖
로렌초 데 메디치 대인께

《군주론》맨 앞 헌정사를 볼까요?

'로렌초 데 메디치' 대인께 이 책을 바친다는 내용이 나옵니다.

메디치? 치약회사 사장인가?

그건 메디안이고.

로렌초 데 메디치는 《군주론》집필 당시 (1514년) 피렌체의 통치자입니다.

메디치가(家)는 오랫동안 피렌체에서 막강한 영향력을 행사했던 가문이죠.

피렌체로 오세요~

메디치 가문은 학자들과 예술가들의 후원에 돈을 아끼지 않았는데

훌륭한 만화가가 되렴.

그라찌에!

미켈란젤로, 라파엘로, 갈릴레이 등은 메디치의 후원을 받았던 위인들입니다.

지구는 돈다!

지금도 피렌체에 가면 메디치가의 영광의 흔적들을 볼 수 있어요.

메디치가의 궁전이었던 우피치 미술관

참고로 우피치 미술관 회랑에는 제 동상이 건립되어 있답니다.

현재도 피렌체는 이탈리아의 금융 중심지이자 문화의 도시로 많은 관광객을 모으고 있어요.

마선생님이 말하는 현재가 2018년 즈음의 미래로 들리는 이 느낌은 뭐지?

기분 탓이겠죠.

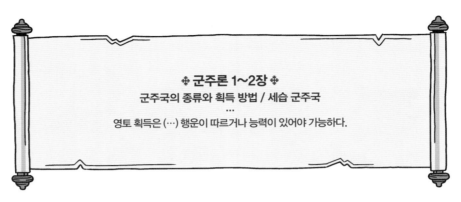

✤ 군주론 1~2장 ✤
군주국의 종류와 획득 방법 / 세습 군주국
···
영토 획득은 (···) 행운이 따르거나 능력이 있어야 가능하다.

국가의 유형에 대해 이야기해보겠습니다.

ㅈㅈㅈ

자냐

모든 국가는 공화국 아니면 군주국입니다.

투표함

이중 우리의 관심 대상인 군주국은 세습군주국과 신생군주국으로 나뉘죠.

쳇, 금수저들

여러분은 부모님께 물려 받은 영토가 없으니 흙수ㅈ··· 아니, 신생군주가 될 분들이죠?

쳇

엄마, 꼭 성공할게!

군주가 영토를 획득하려면 포르투나(운)가 따르거나

유비님, 부디 서주를 맡아 다스려주십시오.

도겸님

그때 그 상황 같은건가

비르투(능력)가 있어야 가능합니다.

땅 내놔!

포르투나는 보통 '운명'을 의미하며 문맥에 따라 '행운', '부'로도 해석됩니다.

인간이 예측할 수 없는 거대한 힘이며, 라틴어에선 여성형 명사로 분류되죠.

비르투는 '용기', '역량', '능력' 등을 의미합니다.

아쭈?

비르투는 포르투나에 대항하는 힘이며, 라틴어에서 남성형 명사로 분류됩니다.

세상일이란 포르투나와 신에 의해 다스려지며 인간은 그 진로를 바꿀 수 없다고들 말합니다.

하지만 비르투를 갖춰 운명에 맞선다면 운명의 절반은 우리가 결정할 수 있다고 저는 믿습니다.

운명은 여성이기 때문에

우리가 그녀를 통제하려면 그녀를 난폭하게 다루어야 합니다.

그녀는 여인들이 그러하듯 신중하기보다는 대담하고 과감한 청년을 더 좋아합니다 (군주론 25장).

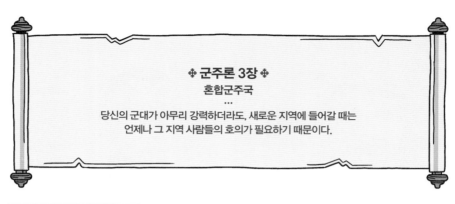

⊹ 군주론 3장 ⊹
혼합군주국
...
당신의 군대가 아무리 강력하더라도, 새로운 지역에 들어갈 때는
언제나 그 지역 사람들의 호의가 필요하기 때문이다.

세습군주와 달리 신생군주는
어려움이 많습니다.

신생군주는 군주가 되기 위해
많은 사람들에게 피해를 주게 되죠.

게다가 당신을 도운 사람들과도
유대를 이어갈 수 없습니다.

그들의 기대만큼 그들을 만족시킬 수
없기 때문입니다.

내가 군주가 되도록 도운 사람들과
유대를 이어갈 수 없다…?

형님, 나중에
도원결의
잊지 말기요.

하하… 저건
이태리 얘기야
이태리.

이태리에선
그러나보지.

…그 결과 군주는 사방에
많은 적을 만들게 됩니다.

침략자!

KBC

새 군주 대국민담화

그러므로 군주는 그 지역 주민들의 호의를
반드시 얻어야 합니다.

치킨값 50퍼센트
인하하겠습니다.

…지만 왠지
괜찮은 사람같아.

KBC

새 군주 대국민담화

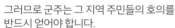

새 영토가 정복자의 국가와
동일한 문화권이라면

새 군주
잘 하는데?

예전 군주보다
나은 것 같아.

법을 바꾸거나 새로운 조세를
부과하지 않아야 합니다.

3장은 분량이 길어서
다음 시간에 계속하겠습니다.

수업 끝!

아~ 흥미로운
강의였어.

어? 초선씨!

괜찮아요?

마선생이 너무 심했어요.
어떻게 그런 말을…

유비님…

생각해보니 그분 입장에선
그럴 수밖에 없는 것 같아요.

여성이 투표권조차
가지지 못했던 시대를
사셨던 분이니까요.

이번 일을 계기로

제가 어떤 나라를
만들고 싶은지
분명해졌어요.

현실에서 인간은 어떻게 사는가

그의 피렌체 공화국 정부 입성

오늘 수업 전반부는 제 삶을 다룬 다큐영화 시청입니다.

마키아벨리 더 비기닝

예고편이 제 삶을 잘 요약해주고 있네요.

저게 잘 요약했어?!

《군주론》은 제 삶 속에서 얻은 경험과 깨달음의 집약체입니다.

따라서 제 삶이 어떠했는지를 살펴보는 일은《군주론》이해에 큰 도움이 되죠.

더 비기닝

우선 유년기부터 알아볼까요?

3D 지원된대요

니콜로 마키아벨리는 1469년 피렌체에서 출생했다.

응애응응애~!
(M자 탈모 집안이라니!)

유럽에선 30여 년 전 구텐베르크의 금속활자가 등장하여 지식이 확산되고 있었고

로렌초 데 메디치가 통치하는 피렌체에선

르네상스 미술의 황금기가 찾아올 준비를 하고 있었다.

진짜 잘 그린다

당시 10대 후반이었던 레오나르도 다 빈치

니콜로 아버지의 직업은 명확하게 밝혀져 있진 않지만

얼른 씻어 유치원 가야지

혹시 전업주부?

조상 대대로 내려오는 작은 가족 농장에서 나오는 수입으로 생활했을 것으로 보인다.

대출 받아 원룸 건물 지어볼까?

나 죽는 꼴 보려고?

그의 취미는 고전 수집이었는데

아리스토텔레스《시학》
크리스마스 에디션?!

질러라!

어머 이건
사야 해!

당시에 책이 값비싼 물건이었다는 점을
감안하면 이는 특별한 취미였다.

우와 책이다

그러한 아버지 덕분에 니콜로는 어려서부터
그리스·로마의 고전을 접할 수 있었다.

아들아 책장
살살 넘겨라

아들의 총명함을 자랑스럽게 여겼던
아버지는 아들의 교육에 관심이 많았다.

〈우리 아이 창의력 키우는 법〉 저자 강연회

덕분에 니콜라는 일곱 살 때부터 개인교사에게
라틴어, 수학 등을 배웠고

사과 2개
더하기
사과 1개는
몇 개?

이후 피렌체 대학에 진학하여(추정) 수사학,
논리학, 문학 등을 배웠다.

안녕하십니까!
피렌체 대학
85학번!

대동인문!
니!콜!라!
입니다.

이렇게 아버지의 특별한 관심 속에서 고전을 가까이 하며 자란 니콜로가

아유, 똑똑한 우리 아들

커서 뭐가 되려나?

어떻게 권모술수의 교과서라고 불리는 《군주론》의 저자가 되었을까?

스윽

나쁜책

그것은 앞으로 천천히 알아볼게요.

다음 시간에 만나요~

......

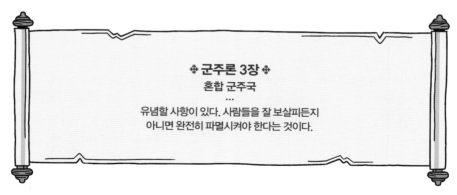

✢ 군주론 3장 ✢
혼합 군주국
...
유념할 사항이 있다. 사람들을 잘 보살피든지
아니면 완전히 파멸시켜야 한다는 것이다.

언어와 관습이 본국과 다른 지역을
정복했을 경우, 어려움이 따릅니다.

그런 상황에서 최선은 정복자가 몸소
그곳에 가서 거주하는 것입니다.

현지에서 일어날 수 있는 사고에 대해
신속한 조치를 내릴 수 있기 때문입니다.

또 하나의 해결책은 그 지역에 사람들을
이주시켜 식민지를 건설하는 것입니다.

이 때문에 피해를 입는 현지인도 있겠지만

폭언은 일상이고 가끔
폭력도 마다하지 않죠.

임금도 종종
체불하고요.

그래서 다들 저한테
찍소리도 못한답니다.
하하.

조교.

이 사람 내보내고
경찰에 고발하게.

뭐… 뭐야!
내가 누구인줄 알고!

《군주론》은 종종
리더들의 자기계발서로
읽히곤 합니다.

《군주론》에서 기업경영의 기술을
뽑아냈다고 하는 책들도 많죠.

참고자료
왫게 많아!

키아벨리 같은
사장이 되라

성공을 위한
군

군주론
경영전략

하지만《군주론》은 어디까지나 이탈리아의 통일을 가져올 군주를 위한 지침서입니다.

저는 오늘날의 기업문화에 대해선 아는 바가 없습니다.

《군주론》을 참고하여 기업을 경영하는 것은 자유이지만

악덕 사장 각성하라!

그에 따른 책임은《군주론》을 해석하는 본인에게 있습니다.

그리고 학생.

물론 군주가 자비로움을 가지는 것은 좋습니다.

하지만

'인간이 어떻게 살아야 하는가'는 '인간이 실제 어떻게 살아가는가'와 너무도 다릅니다(군주론 15장).

대부분의 사람이 선하지 않은 세상에서 항상 선하게 행동하려는 사람은

얼마 못 가서 파멸하고 맙니다.

그러므로 현명한 군주는 필요에 따라 선하지 않게 행동하는 법도 알아야 합니다.

크읏…

따거!(大哥, 형님)

오늘 수업 끝.

아~함

수고 많으셨습니다. 형님.

"군주는 필요에 따라 선하지 않게 행동하는 법도 알아야 합니다."

무력은 꼭 필요한 것인가

장비야, 내 방으로 와. 밥 먹자.

짜잔~ 달걀 세 개 넣은 라면~

밥이 제공되는 고시원이라 다행입니다. 형님.

그렇지?

치, 맨날 라면…

어허, 이 녀석! 형님 앞에서!

자신을 알아줄 주군을 찾고 있습니까?

어라? 저건…

자, 청년 마키아벨리의 삶을 들여다볼까요?

아직도 삐졌수?

1494년 25세의 청년 마키아벨리는 거대한 정치적 혼란을 목격한다.

소풍이지 뭐

프랑스가 피렌체를 침공한 것이다.

의기양양하게 피렌체로 입성한 프랑스왕 샤를 8세 앞에 한 시민 대표가 나타났다.

이제 슬슬 약탈을 준비…

왕이시여!

응?

그는 '지롤라모 사보나롤라'라고 불리는 수도사였다.

당신은 약탈자가 아닙니다.

제다이냐

하느님께서 죄인의 소굴인 피렌체를 구원하기 위해 당신을 보내신 것입니다!

?

하느님의 명을 따르소서!

왕은 이 뜬금없는 수도사의 말에 설득되어 피렌체에 큰 피해를 주지 않고 물러났다.

그렇게… 하겠다.

ㅋㅋㅋ 짜식

사보나롤라는 일약 피렌체의 대스타로 떠올랐고

와

와

피렌체를 구한 영웅!

이후 실시된 선거에서 압승을 거두어 국가수장의 자리에 올랐다.

KBC

곤팔로니에레* 당선

*곤팔로니에레: 공화국 최고 행정관

하지만…

우리 정부 슬로건은

'금욕 정부'!

그의 정치는 시민들의 기대와 어긋났다.

그는 불경하다고 여겨지는 책과 그림들을 소각했으며

마약이나 다름없는 만화를 그려?

징역 10년!

예술가, 사상가에 대한 마녀사냥을 실시했다.

재미는 있네

온·오프라인 서점 절찬 판매중!

질질

결국 사보나롤라는 민중의 지지를
서서히 잃었고

예능 프로그램
다 폐지됐다!

회개하라!
항상 기도하라!

하루 종일
설교방송만 나오네.

그의 강력한 지지자였던
프랑스왕 샤를 8세가 사망하자

피렌체 민중이 들고 일어났다.

무한도전을
왜 못 보는데!

게임 규제
폐지하라!

붙잡힌 사보나롤라는 결국 화형에 처해졌다.

인생은~
나그네길~

당시 낮은 직급의 공무원으로 일했던(추정)
20대 후반의 마키아벨리에게

전입신고증
나왔습니다.

통합민원

사보나롤라의 상승과 몰락은
깊은 인상을 남겼다.

50

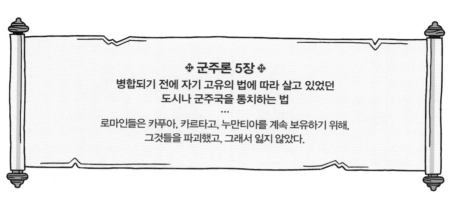

❖ 군주론 5장 ❖
병합되기 전에 자기 고유의 법에 따라 살고 있었던
도시나 군주국을 통치하는 법
...
로마인들은 카푸아, 카르타고, 누만티아를 계속 보유하기 위해,
그것들을 파괴했고, 그래서 잃지 않았다.

《군주론》 곳곳에서 이 사건으로부터 얻은 교훈의 흔적을 볼 수 있습니다.

예를 들어 오늘 배울 5장이 그렇죠.

군주의 지배에 익숙한 도시나 국가를 지배하는 것은 어렵지 않습니다.

예전 군주가 없어지더라도

이제 내꺼!

복종에 익숙한 주민들은 새 군주를 따를 것이기 때문입니다.

그래 그래

하지만 자유에 익숙한 공화국이라면 이야기가 다릅니다.

얌마! 니들 뭐 하나!

투표함

당신이 힘으로 그 나라를 지배했다고 하더라도

선거는 개뿔!

오늘부터 여기는 내가 지배하는 군주국가다!

투표함

그들은 자유의 이름을 잊지 않을 것이며

'토요일 18시 광장으로 모입시다!'

딸칵딸칵

기회가 있기만 하면 들고 일어날 것입니다.

시민이 권력이다

군주 OUT

그러므로 그런 국가에 대한 지배를 확보하는 길은…

역시 시민의 힘!

저기, 우린 군주 입장인데요.

그런 국가를 파괴하는 일밖에 없습니다.

말했듯이 한 번 맛본 자유의 기억은 결코 잊히지 않습니다.

파괴만이 답입니다.

이것이 로마가 그리스를 정복할 때 택한 방법입니다.

한 놈도 살려두지 마라!

또한 어떤 조치를 취하든 국민들 사이에 분열을 조장하여

군주님 환영

I ♥ 군주님

그들을 찢어놓아야 합니다.

시민이 권력이다

군주님

와

와

그렇지 않으면 오히려 그 국가에 의해 자신이 파멸당할 수 있습니다.

수고했다. 오늘 일당!

말도 안 돼!

우리더러 그런 짓을 하라고?!

잠시만요.

한 번 다른 관점에서 보는 건 어떨까요?

겉보기에 《군주론》은 군주에게 온갖 교활한 술수들을 알려주는 듯하죠.

크흐흐… 그래.

이렇게 하면 된단 말이지?

하지만 이것을 민중이 읽는다면?

…라고 군주들이 생각할 거란 말이지?

민중은 《군주론》을 통해 군주의 권모술수를 읽고 군주를 견제할 수 있을 겁니다.

쏼라쏼라 감언이설

안 속아. 《군주론》에서 다 얘기했어.

이런 관점에서 본다면 《군주론》은 사악한 악마의 저서가 아닌

시민을 위한 정치 교과서라고 볼 수 있죠.

웅성웅성

일리가 있네.

맞습니다. 결국 출판되어 사람들에게 읽힐 책이니까요.

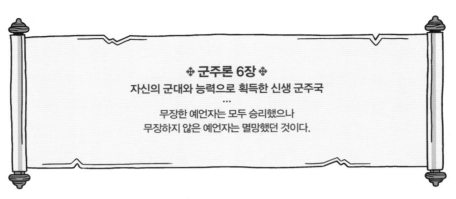

✣ 군주론 6장 ✣
자신의 군대와 능력으로 획득한 신생 군주국
···
무장한 예언자는 모두 승리했으나
무장하지 않은 예언자는 멸망했던 것이다.

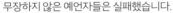

무장하지 않은 예언자들은 실패했습니다.

그 상태를 유지하긴 어렵습니다.

먹고 살기 힘들다!

정부는 뭐 하나!

따라서 그들이 당신을 더 이상 믿지 않을 땐 힘을 사용해서라도 믿게 만들어야 합니다.

신발 던진 놈 나와.

철컥

조용~

사보나롤라는 무력을 써서라도 대중이 그를 믿게 만드는 데 실패했기 때문에 몰락했습니다.

알았으니까 그만 좀 태워!

아오!

무력의 중요성은 《군주론》에서 자주 언급됩니다.

무력

밑줄 긋고 잘 기억해두세요.

피렌체학원

수업 듣느라 힘들었는데 컵밥 하나씩 먹고 가죠.

그럴까?

오늘 수업은 어떠셨습니까?

그 양반 말하는 것 참 대단하지 않수, 형님?

나 이제…

수업 안 들어갈까봐.

네?!

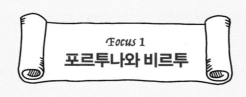

Focus 1
포르투나와 비르투

'포르투나'와 '비르투'는 《군주론》을 관통하는 핵심 개념입니다. 《군주론》의 처음부터 끝까지 마키아벨리는 이 용어를 통해 때때로 인간을 아무 이유 없이 추락시키는 운명의 힘과 그에 맞서는 인간 의지의 줄다리기를 묘사했습니다.

포르투나는 로마 신화에 나오는 운명의 여신 포르투나에서 나온 말로, 《군주론》에서 주로 '운명'을 뜻합니다. 문맥에 따라서 '운', '행운' 등으로 해석될 수도 있지만 마키아벨리는 포르투나가 가진 예측할 수 없고 파괴적인 힘에 좀더 주목하는 편입니다. 비르투는 '덕德'을 뜻하는 영어의 'virtue'와 어원이 같으며, 《군주론》에서 '역량', '능력', '용기' 등의 의미로 사용됩니다. 문맥에 따라 다양한 의미를 가지지만, 그러한 의미들은 변덕스러운 포르투나에 저항하는 인간의 힘이라는 공통분모를 가집니다.

《군주론》에서 포르투나와 비르투의 관계에 대한 성찰이 가장 잘 드러난 장은 25장입니다. 25장의 시작에서 마키아벨리는 "세상사는 포르투나와 하나님에 의해서 다스려지기 때문에 아무리 지혜로운 사람도 그것에 대해 아무 일도 할 수 없으며, 자신들을 보호할 그 어떤 구제책도 가지고 있지 못하다"● 는 당시 사람들의 통념을 언

● 니콜로 마키아벨리, 김종원 옮김, 《군주론》, 위즈덤하우스, 2017, 193쪽.

시에나 대성당 바닥에 있는 포르투나 여신의 그림 (오른쪽 하단)
손으로는 돛대를 쥐고, 한쪽 발은 육지에, 다른 쪽 발은 배 위에 올려놓았다.
바람에 따라 어디든 갈 수 있는 예측불가능성을 나타낸다.

급합니다. 마키아벨리는 자신도 어느 정도 그런 견해에 기울기는 하지만, 그렇다고 해서 인간이 운명에 대해 아무것도 할 수 없는 것은 아니라고 말합니다. 인간은 자유의지를 가진 존재이기 때문입니다. 마키아벨리는 포르투나가 우리 행위의 절반을 결정한다고 한다면, 나머지 절반 또는 절반 가까이는 우리의 손에 달려 있다고 주장합니다.

이를 설명하기 위해 25장에는 두 가지 비유가 등장하는데요, 하나는 모든 것을 쓰러뜨리는 성난 강물과 그것을 제어하는 제방과 둑입니다. 마키아벨리는 포르투나는 홍수가 나면 나무와 건물을 쓰러뜨리는 강물과 같다고 보았습니다. 엄청난 홍수의 힘 앞에서 인간은 아무런 힘이 없어 보입니다. 하지만 강물의 특성이 그와 같다고 해도, 인간은 날씨가 좋을 때 제방과 둑을 쌓아 홍수로 인한 피해를 최소화할 수 있습니다. 《군주론》에서 비르투는 포르투나의 홍수를 대비하는 인간의 제방과 둑에 비유됩니다.

마키아벨리는 포르투나와 비르투를 여성과 남성에 비유하기도 합니다. 마키아벨리에 따르면 운명은 여성이며, 따라서 그녀를 통제하려면 "때리고 쥐어박고 할 필요"가 있습니다. 또한 그녀는 신중하고 조심스러운 사람보다는 충동적이고 과감하게 행동하는 젊은이들을 더 좋아합니다. 이러한 비유를 통해 마키아벨리는 가만히 앉아 운명의 여신의 힘에 굴복할 것이 아니라 대담하게 나서서 그녀에게 도전할 것을 촉구합니다.

포르투나와 비르투는 《군주론》에서 군주의 몰락과 상승을 이야기할 때 자주 언급되는 개념입니다. 뛰어난 역량을 갖췄음에도 고달픈 삶을 살았던 마키아벨리 자신에게도 포르투나는 도무지 알 수 없는 거대한 힘이었습니다. 그럼에도 《군주론》을 통해 마키아벨리는 인간은 자유의지를 가졌기 때문에 포르투나에 저항할 수 있으며, 그것을 위해 강력한 비르투를 갖추라는 조언을 전합니다.

군주는
아무나 하나

수업을 안 나오셨더군요.

전… 솔직히 잘 모르겠어요.

인의를 중시하는 것이 군주의 도리임을 믿어온 저로서는

그와 반대로 보이는 마선생님의 가르침을 듣는 게 힘들어요.

벌써 가을이군요.

제가 만난 한 사람에 대한 이야기를 들려드리고 싶습니다.

사보나롤라 정권이 무너진 이후

여러분 안녕?

또 만났네요.

저는 새 피렌체 공화국의 서기국
서기관에 임명되었습니다.

겨우 스물아홉 살
이였죠.

서기국 서기관이란 내정과 관련된 거의
모든 문제를 다루는 중요한 자리입니다.

시큰둥

아 네…

연봉도 높아서
오늘날로 환산하면
2억 원 정도였죠.

어떻게
그 자리에
오르셨나요!

껄떡

어린 나이에 제가 어떻게 그 자리에 올랐는지는
역사가들에게도 수수께끼입니다.

아무리 권모술수의
대가라고 해도

아직은 어린
나이였으니까요.

뭐, 포르투나(운)가 저를
그 자리로 이끌었다고
해두죠.

수업 다시
들을까?

서른두 살에는 결혼도 했습니다.

하지만 저는 집에 거의 붙어 있질 못했어요.

한 달 뒤에 오리다.

서서히 피렌체에 드리워오는 먹구름 때문이었죠.

당시 로마교황은 알렉산데르 6세였습니다.

교회 역사상 가장 타락한 교황으로 꼽히는 인물입니다.

천국은 개뿔!
ㅋㅋㅋㅋㅋ
그런 게 어딨어!

술 더 갖고와!

그에게는 알려진 자녀만 네 명이 있었는데

그 말만 들어도 얼마나 타락했는지 알겠네요.

그중 한 명이 그 유명한 '체사레 보르자'입니다.

《군주론》이 말하는 군주의 모델 같은 사람이죠. 7장에서는 이 인물을 다루고 있습니다.

아···

공교롭게도 어제 불참하신 수업이 바로 7장 수업이었네요.

교황 알렉산데르 6세는 로마를 넘어 더 넓은 영토를 지배하려는 야망을 갖고 있었습니다.

교황이 된 그는 본격적으로 정복사업에 착수했는데

진격하라!

교황 알렉산데르 6세

체사레는 이 정복사업의 실질적 수행자였죠.

아버지, 전투는 제가 더 잘 알아요.

제가 알아서 할게요.

그런데 그가 다른 영토를 정복하는 방식은 다른 정복자들과 달랐습니다.

군대를 동원해 전투를 일으키기보다는

매수, 암살 등의 권모술수로 때로는 전투 없이 영토를 집어삼키곤 했습니다.

5만 원 권으로 꽉꽉 채웠습니다.

아유 뭘 이런 걸···

신호할 때 성문만 열어주세요.

군주론의 모델 답네요.

하하, 그뿐만이 아닙니다.

그는 당시에는 드물게 징병제를 일부 도입하여 군사를 충당했습니다.

집 떠나와~ 열차 타고~

당시 이탈리아에선 돈을 주고 외부에서 병사를 고용해 들여오는 용병제가 일반적이었어요.

사랑합니다 고객님. 스위스 용병센터입니다.

하지만 용병들은 충성심도 낮고 전투에서 이기려는 의지도 약했습니다.

김 형, 오랜만이우.

어이쿠, 이게 누구야! 언제 거기 붙었어?

대충 하다 갑시다.

체사레는 이러한 점을 인식하고 자신의 영지에서 장병들을 선발했습니다.

무적신병교육대

타인의 손에 내 가족의 안전을 맡길 것인가!

자주국방!

타인의 힘에 의존하지 않는 자주적 군사력의 확보는《군주론》이 자주 강조하는 원칙입니다.

체사레는 본능적으로 그것을 알고 있었어요.

그는 삽시간에 이탈리아 중부지방을 점령했고

내 땅!

드디어 피렌체를 넘보기 시작했습니다.

곧 갈게
기다려.

체사레와 평화협상을 맺기 위해 피렌체는 외교
사절단을 파견했습니다.

한시가
급하다

그 중 한 명이
저였습니다.

1502년 6월 우르비노에서 저와 체사레의
운명적 만남이 시작되었습니다.

마키아벨리(33세)

체사레(27세)

며칠간 협상을 진행하며 저는 그의 명민함과
냉철함에 깊은 인상을 받았습니다.

이자는 보통이
아니다!

피렌체 상부에 보낸 제 편지는 체사레에 대한
찬사로 가득했죠.

"이 영주는 실력이
정말 뛰어나며
멋진 인물입니다···
부하들 사이에서
인기도 높아···"

아니 이 인간이
협상을 하랬더니
적을 칭찬하고 있어?

당시 저는 화려한 언술을 갖춘 피렌체 최고의 외교관으로 인정받고 있었습니다.

하지만…

호오!

전투력이 4만까지 올라갔군요.

하지만 제 전투력은 5만 3천입니다.

그런 입에 발린 말은 제게 통하지 않아요.

체사레는 쉽게 넘어가지 않았어요.

이자는 너무 영리하다.

다른 방법을 강구해야 돼.

피렌체 상부는 저 마키아벨리를 통해 상황을 전달받으며 대책을 논의했고

잘 안 풀린다네요.

플랜 B로 갑시다.

결국 막대한 비용을 지불하고 프랑스의 뒤에 숨는 방법을 택했습니다.

체사레군, 너 요새 너무 설치는 것 같다?

프랑스라… 머리 잘 썼군.

제법인데?

그렇게 당장의 위기는 모면했죠.

하지만 그 평화가 얼마나 갈지는 모르겠는걸?

또 보자구!

부웅~

넉 달 뒤 피렌체 정부는 다시 저를 체사레가 머무는 아몰라로 파견했습니다.

한 컷만에 다시 보네?

넉 달간 이어진 두 번째 만남에선 더 많은 대화가 오고갔습니다.

공작님 나이스샷!

개인적인 친분도 싹트기 시작했죠.

그러던 중 체사레에게 첫 번째 위기가 찾아옵니다.

공작님! 큰일입니다!

이탈리아 전체로 확대되는 체사레의 정복사업에 위기감을 느낀 다섯 명의 부하 장군들이

이러다 나중에 우리들 땅도 뺏기는 거 아냐?

체사레에게 대항해 반란을 일으킨 것입니다.

타도 체사레!

반란군은 삽시간에 우르비노를 비롯한 체사레의 여러 영지를 정복했어요.

타앗!

하아!

피렌체로서는 잘된 일 아닌가요?

꼭 그렇진 않았죠. 반란군 중에도 피렌체를 넘보는 인물이 있었고

결과는 아무도 알 수 없었으니까요.

체사레는 섣불리 나서지 않았어요. 일단 군대를 정비하며 시간을 끌었습니다.

공작님, 어쩌실 계획입니까?

때를 기다리는 중이네.

아직 나설 때가 아니야.

'이탈리아'의 군주가 되기 위해선

이정도 기다림은 익숙해져야 하지.

이탈리아!

저는 그 말에 전율했습니다.

당시 '이탈리아'는 희미한 개념에 불과했어요. 피렌체인, 베네치아인, 나폴리인이 있을 뿐 이탈리아인이란 없었습니다.

그래서 힘을 하나로 모으지 못하고 강대국의 눈치를 보며 살아야 했죠.

그런 상황에서 체사레는 통일된 이탈리아를 꿈꾸었던 것입니다.

그것이 야망이었든 사명감이었든 간에.

저는 그가 강력한 통일 이탈리아를 이룩할 구원자로 보이기 시작했습니다.

숨겨왔던 나의~

당대 유명인사 한 명도 저와 같은 시각으로
체사레를 바라봤던 것 같습니다.

그는 바로 '레오나르도 다 빈치'입니다.

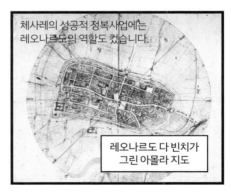

우와~ 그럼 그분과 얘기도 좀 나누고 그러셨나요?

글쎄요. 길에서 마주치면

그냥 가볍게 인사만 하는 정도였습니다.

본 조르노.

본 조르노.

소 닭보듯 했죠.

다시 반란군 이야기로 돌아가서

체사레와 반란군 두 진영의 전투는 잠시 소강상태에 있었습니다.

레드… 아니 비델로초 장군, 전화 왔어요.

체사레 보르자 전화야!

네, 공작님. 아니, 체사레씨…

아니, 야!

뭐! 왜!

장군, 뭔가 오해가 있었던 것 같네.

오… 오해는 무슨.

부디 돌아와주게.

자네들과의 우정을 어찌 잊겠나.

싫어…요.

시끄러워…요.

체사레는 용병들을 끊임없이 설득했습니다.

흔들리면 안 돼.

끝까지 가는거야.

동시에 그는 프랑스와의 친분을 쌓기 위해 부지런히 움직였고

이태리 상주 곶감 좀 잡숴보세요.

프랑스를 등에 업는 데 성공합니다.

아버님 잘 계시지?

아유 네네.

입에 착착 붙네

체사레는 자신의 영지로 들어온 반란 주동자들을 없애는 데 성공했습니다.

끝까지 연기의 긴장을 늦추지 않고 상황을 이끌어간 결과였죠.

체사레의 정복지 중 로마냐는 다스리기 힘든 곳이었습니다.

술은 마셨지만 음주운전은 안 했어!

금연

무질서하고 불법이 성행했어요.

체사레는 이곳에 잔혹하기로 소문난 부하 레미로 데 오르코를 파견했습니다.

좀 어떻게 해봐라, 알지?

알죠.

레미로의 공포정치로 로마냐는 점차 안정을 찾아갔지만

깜박이 안 켜고 차선 변경? 사형.

국립공원에서 흡연? 사형.

뽀옹~

응?

지금 누가 방귀소리를 내었어?

죄… 죄송합니다.

ㅋㅋㅋ

머릿속에 마구니가 가득 찼구나!

저자를 때려 죽여라!

차라리 우리가 낫네

새 정복자에 대한 민심은 악화되었죠.

그러던 어느날

여어.

오셨습니까.

84

분부대로 로마냐의 질서를 확립했습니다.

여봐라! 이자를 체포해라!

에?

다음 날 광장에는 레미로의 시신이 버려졌습니다.

그간의 폭정이 자신의 뜻이 아닌 레미로의 잔혹함 탓임을 보여주려는 의도였죠.

레미로의 폭정에 대해 진심으로 사죄드립니다.

이로써 체사레는 로마냐의 안정과 주민들의 지지를 얻어냈습니다.

무시무시한 판단력과 결단력! 저는 그에게서 이탈리아의 새 역사가 열리는 것을 보았습니다.

그냥 나쁜 새X 같은데….

하지만…

그의 몰락이 갑자기 찾아왔습니다.

1508년 체사레의 아버지 교황 알렉산데르 6세가 사망했습니다.

주… 죽으면 끝 아니었나요?

아버지의 사망은 체사레에게 큰 문제는 아니었습니다.

위기이긴 하지만

워낙 고령이시니 충분히 예상하고 준비했다.

그러나

하필 그때 그는 말라리아에 감염되어 드러눕게 됩니다.

뭐?!

든든했던 교황 아버지의 부재에 예상치 못한 감염은 반대파들에게 절호의 기회였죠.

체사레는 로마냐를 비롯해 그동안 점령했던 영토를 빠르게 잃었고

체사레님! 로마냐가 공격당하고 있습니다!

아버지… 여긴 웬일 이세요?

헤롱헤롱

설상가상으로 체사레에게 적대적인 인물이 교황으로 선출되었습니다.

나중에 다시 출연할게요~

율리오 2세

새 교황이 선출된 날 체사레는 제게 말했습니다.

나는 아버지 사망 후 일어날 모든 상황에 대한 준비를 다 해놨었네.

하지만 내가 이런 식으로 죽음의 문턱에 서 있게 될 줄은 꿈에도 몰랐어.

그가 말라리아로 사망한 것은 아니었습니다. 그는 우여곡절 끝에 간신히 살아남았지만

체사레 잡아라!

공작님, 어서 비밀통로로…

예전의 위세를 끝내 회복하지 못하고 전투 중 사망했습니다(1507년).

체사레의 몰락 이후 이탈리아는 큰 혼란 속으로 빠져들어갔습니다.

이후 수업에서 계속 이야기하겠습니다.

체사레는 제가 본 어느 누구보다 강력한 비르투를 갖춘 사람이었습니다.

하지만 결정적인 순간에 포르투나의 버림을 받았습니다.

HELP!

포르투나의 힘 앞에서 인간은 무력한 존재일 수밖에 없는 것일까요?

제가 당신을 수업에 받아들인 이유는

그 질문에 해답을 얻기 위해서입니다.

당신은 여러 면에서 체사레와 비슷해요. 체사레가 이탈리아의 통일을 꿈꿨듯

당신은 중원의 통일을 꿈꾸고 있죠.

물론 성격은 딴판입니다만…

?

* 마키아벨리 머릿속 유비 이미지

으헤헤

풉

88

하지만 당신에게는 체사레가 갖지 못했던 포르투나가 느껴집니다.

비록 지금 세력은 약해졌지만 그 혼돈 속에서 어쨌든 살아남았고

일당백!

관우, 장비와 같은 유능한 장수를 옆에 두고 있죠.

그런 당신이 제 수업을 통해 강력한 비르투를 갖춘다면

!

그때 포르투나는 당신을 어디로 인도할까요?

선택은 당신의 몫입니다.

이만 일어나겠습니다.

선생님!

후후…

실은… 수강료가 모자라요.

휘청

형님, 고생했는데 맥주 한 잔씩 합시다.

딱 한 잔씩만 하는 거다?

여기요~

주문하시겠… 응?

어?

조… 조자룡?!

유비님?!

유비님을 여기서 뵙게 되다니요!

공손찬 밑에서 잘 지내고 있는 줄 알았는데 어찌된 일인가?

유비님, 저…

명퇴당했어요.

명퇴!?

나이가 20대인데!?

세력이 기우니까 신입도 나가라고 하더라구요.

'영웅이 미래다'라는 모토를 내세우는 자가 어찌 그런…

쯧쯧

이대로 계속 아르바이트만 하면 어쩌나 걱정했는데 유비님을 만날 줄이야!

지금은 어디서 무얼하고 지내시나요?

아, 우리는 요 앞 중원고시원에서 지내고 있어.

우리도 상황이 그리 좋진 못해서…

네, 그럼 종종 들러주세요.

바빠서 이만…

체사레가 몰락하던 시기 피렌체에는 몇 가지 중요한 일들이 일어났습니다.

우선 피에로 소데리니가 곤팔로니에레로 선출되었습니다.

차오?
(Ciao, 안녕?)

소데리니는 특별히 뛰어난 점은 없지만 청렴하고 성품이 온화한 인물이었습니다.

무엇보다 그의 가장 큰 장점은

바로 저 마키아벨리의 재능을 알아보고 항상 제게 정책 자문을 구했다는 것이죠.

자뻑?

그것은 제가 오랫동안 꿈꾸어온 것을 실현시킬 기회였습니다.

체사레가 앞서 실시하여 그 성과를 제 눈으로 직접 보기도 했던

바로 자국군 창설입니다.

저는 국회를 설득하기 위한 호소문을
쓰기 시작했습니다.

"지금까지 어느 나라가 방위를 남에게
맡겨놓고 자국의 안전을 유지했는가."

그런 나라는
없습니다!

근무 중 이상무!

"1453년 터키군이 콘스탄티노플을 점령하기
전 황제는 자국군을 창설하려 했으나"

저쪽 분위기
심상찮아.

뭉게
뭉게

콰르릉

자국군을 창설해
대비해야 한다.

"시민들이 세금이 아깝다며 황제의 계획을
거부했다."

그냥 용병 써라!

먹고 살기
힘들다!

"몇 달 뒤 터키의 포탄이 날아들기 시작하자"

쾅

쾅

"당황한 시민들은 왕에게 달려가
대책을 요구했다."

어떻게 좀
해봐요!

"그에 대한 왕의 대답은"

"가서 너의 돈과 함께 죽어라."

유지끈

망했어

쾅

"콘스탄티노플은 그렇게 함락되었다."

"그러므로 언제까지나 남의 칼에 의존할 순 없다. 자주국방을 실현해야 한다."

전우여~ 내 나라는~ 엄마 뻑
내가 지킨다~

뻑

소데리니는 이 글을 토대로 연설물을 작성하여 국회를 설득하기 시작했습니다.

쉽지 않은 여정의 시작이었죠.

세금은 누가 낼 건데?

내 아들 군대 못 보낸다!

다음 이 시간에…

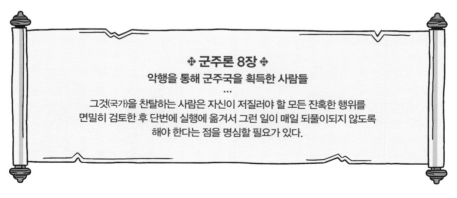

✦ 군주론 8장 ✦
악행을 통해 군주국을 획득한 사람들
...
그것(국가)을 찬탈하는 사람은 자신이 저질러야 할 모든 잔혹한 행위를
면밀히 검토한 후 단번에 실행에 옮겨서 그런 일이 매일 되풀이되지 않도록
해야 한다는 점을 명심할 필요가 있다.

일개 개인이 사악한 방법으로 군주의 자리에 오르는 법을 알아보겠습니다.

푸왁

시작부터 강하군요.

시라쿠사의 왕 아가토클레스는 미천한 가문에서 태어났습니다.

아가토클레스(기원전 361~289)

그럼에도 그는 탁월한 비르투(능력)를 가져 군대의 높은 지위에 올랐습니다.

그러자 그는 무력으로 군주가 되기로 마음을 먹습니다.

기분이 이상해

그리고 약 1만 명의 시민을 죽이고 왕위를 찬탈했습니다.

새로운 폐하!

카르타고가 쳐들어옵니다!

하지만 그는 왕위에 오른 뒤 시라쿠사를
외세의 침략에서 여러 번 구했고

국력을 튼튼히 하는 데 심혈을 기울여
나라에 평화와 안정을 가져왔습니다.

말년에는 왕위를 내려놓고 다시 공화국을
부활시킨 뒤 숨을 거두었습니다.

지금
무슨 소리야?

국력을 튼튼히 했으니
시민들을 학살한 건
넘어가자는 얘긴가?

하지만 시민들을 살해하고
신의도 자비도 없는 것을 비르투
라고 할 순 없습니다.

그는 제국을 얻었는지는 몰라도
영광은 얻지 못했습니다.

그를 훌륭한 인물로
평가할 순 없을 것입니다.

뭔가 의외의 말씀인데?

속내를 알다가도 모르겠습니다.

다만 우리가 궁금해야 할 것은 그가 어떻게 오래 권력을 유지할 수 있었는지입니다.

이제부터 만화는

《노량진 군주론》만 읽어라!

어기면 사형!

왜냐하면 잔인한 지배자들이

오래 권력을 유지하는 일은 드물기 때문입니다.

저기 공범 도망가요!

저는 그가 잔혹한 행위를 단 한 번 결정적으로 사용하고, 이후 그만두었기 때문이라고 봅니다.

이제 창고에 넣어두거라.

정복자는 자신이 저지를 모든 잔혹한 행위를 면밀히 검토한 후 단번에 저질러야 합니다.

단번에 미사일 발사!

퓨슝

그래야 사람들이 가혹함을 덜 느끼고 감정도 덜 상하게 됩니다.

뭐? 감정이 덜 상해?

김밥 옆구리 터지는 소리 하고 있네.

그리고 이후에 시혜를 베풀어 민심을
안정시키도록 애쓴다면

새 정부는 부상자들에게
무료 의료서비스를
제공할 것이며…

KBC

새 군주 대국민담화

병 주고
약 주나!

사람들을 자기편으로 만들 수 있습니다.

새 정부가 복지 지출
늘린다네.

거 알고보니
괜찮은 사람이네.

'꾸중은 짧고 따끔하게'
와 비슷하군요.

그렇군!

단, 은혜를 베풀 땐 잔혹한 행위처럼
한 번에 크게 행하지 말고

조금씩 나눠서 여러 번 베풀어야 합니다.

조각케이크
맛 좀 보려무나.

아유, 저번에
주시고 또…

그래야 그 향취가 오래 지속됩니다.

군주님 최고!

ㅋㅋㅋ

'피해는 몰아서
단 한 번에 주고'

'은혜는 나눠서
여러 번 베푼다.'

꼭 군주가 아니라도
누구나 생각해볼 만한
지침인 것 같아.

후후후…

TRASH

지금은 조물주 위에 건물주가 있는 세상이지. 꾸준한 부동산 매입을 통해

중원을 내것으로 만들 수 있소.

조조님, 다음 스케줄로 이동하셔야 합니다.

당신도 열심히 일해서 강북에 한 평이라도 마련해보시오.

그럼 이만.

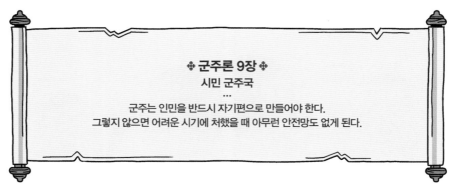

❖ 군주론 9장 ❖
시민 군주국
...
군주는 인민을 반드시 자기편으로 만들어야 한다.
그렇지 않으면 어려운 시기에 처했을 때 아무런 안전망도 없게 된다.

군주가 되려면 귀족의 지지나
민중의 지지가 필요합니다.

귀족은 민중을 지배하고자 자신들 중 한 명을
치켜세워 군주로 만들고자 하며

우리의 대변자!

민중은 귀족으로부터 자신들을 보호하고자
자신들 중 한 명을 군주로 만들려고 합니다.

우리도 있다!

마리 앙투아네트씨,
두 군주 중 어느 쪽이 지위를
오래 누릴 수 있을까요?

ㅋㅋㅋ

귀… 귀족의
지지를 받은 군주
아닐까요?

집안 배경도 저랑
비슷하고, 취향도
서로 잘 맞고

스읍

빵이 없으면
고기를 먹으면
되니까요.

뭔소리야

잠이
덜 깼군

거봐요.《군주론》은 사실 시민을 위한 정치교과서가 맞다니까요.

루소씨!

군주는 민중과 우호적 관계를 유지하는 것이 중요합니다.

이는 특히 민중과 대립하면서 귀족의 도움으로 군주가 된 경우 더욱 중요한데,

나 이런 거 꼭 해야 돼?

시늉이라도 하세요.

민중은 그 수가 너무나 많기 때문입니다.

새 군주님이 전통시장을 방문하셨습니다.

마… 맛있네요.

반면 귀족은 소수여서 적대적인 귀족으로부터 안전을 지키는 것이 가능합니다.

계속 감시해라.

이봐요 마선생!

잠 깨고나서부터 쭉 들었는데요.

벌떡

민중의 지지로 군주가 된 자보다 오히려
더 큰 민중의 사랑을 받을 수 있습니다.

인간은 자신에게 해를 끼치리라 생각했던
인물이 은혜를 베풀면

더 크게 감사하기 때문입니다.

우리 회사 부장님은 늘 성질 더럽다가도

가끔씩 잘해줄 때가 있는데

그럴 땐 그간의 악감정을 잊고 그분을
미워했던 제 자신을 탓하게 돼요.

그걸
꿰뚫어보신 거군요!

김부장
개새X

저는 회사 생활은
모릅니다.

해석은 본인의
자유에 맡기겠습니다.

동네커피

형님, 어째 오늘 수업은
좀 짧았던 것 같지 않수?

마선생 젊었을 적
이야기도 오늘은
안 하더군요.

그렇네!

여보세요, 선생님들.

여러분들의 이야기, 마키아벨리 전기, 군주론 강독.

이 세 파트 분량이 매번 자로 잰 듯 똑같이 나올 순 없습니다.

이런 날도 있는 거예요.

저도 노력하고 있어요.

뭐야 저 사람?

카페에서 콘티짜는 만화가 같습니다.

스윽

후후후…

자신의 군대를 만들어야 하는 이유

피렌체 정규군 이야기 하다가 끝났었죠?

소데리니와 제가 합심하여 꾸준히 국회를 설득한 결과

국회는 피렌체 정규군 준비를 위한 기본 재원 마련에 동의했습니다.

이후 6년간 이어진 대대적인 모병 작업의 첫걸음이었죠.

저는 피렌체 전역을 직접 발로 뛰며 모병에 나섰습니다.

너! 내 동료가 돼라!

벌컥

누구신데 남의 집에…

그렇게 해서 농민훈련병들을 일단 모으긴
했으나 그다음부터가 막막했어요.

점심은
언제주냐능

좋아.

김대리.

네, 서기관님.

'돈 미켈레토'를
데려오게.

네?!
그자를요?!

돈 미켈레토

체사레 군대의 지휘관이자
체사레의 오른팔

'체사레의 사형집행관'이라 불릴 정도로
악명 높았던 그는

체사레의 몰락 후 피렌체 감옥에
수감되어 있었습니다.

크르르

훈련병들은 돈 미켈레토의 지휘 아래
진정한 피렌체 정규군으로 거듭났고

1506년 2월, 보병 400명이 피렌체
광장에서 군대행진을 실시했습니다.

흰 군복, 철제 가슴받이와 창으로 무장한
정규군의 모습은 정말로 근사했죠.

흰옷은
때 타는데

누구보다 저 마키아벨리가 그 모습을
뿌듯하게 지켜보았습니다.

곧 포르투나(운)가 저를 커다란 곤경에
빠뜨리리라고는 상상도 못한 채 말이죠.

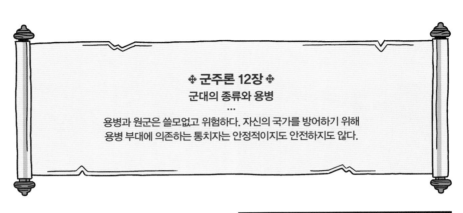

❖ 군주론 12장 ❖
군대의 종류와 용병
...
용병과 원군은 쓸모없고 위험하다. 자신의 국가를 방어하기 위해
용병 부대에 의존하는 통치자는 안정적이지도 안전하지도 않다.

국가의 토대는 좋은 법과
좋은 군대입니다.

그런데 용병은 좋은 군대가
될 수 없습니다.

쓰리고!

아직 안
끝났어?

응, 계속해.

그들은 전쟁이 일어나면
도망치거나 사라집니다.

용병대장이 뛰어난 인물이라면
오히려 위험합니다.

기회 봐서
뒤통수를 확…

그는 자신의 권력 강화에만
관심이 있기 때문입니다.

한 예로 테베인들은 마케도니아의 필리포스
에게 자신들의 군대 지휘권을 맡겼는데

진격하라!

든든하네

필리포스 2세(기원전 382~336)

필리포스는 전쟁에서 승리하자마자 테베인들의 자유를 빼앗았습니다.

이쪽으로!

휙

선생님, 돈 미켈레토도 외국의 용병대장 아니었나요?

그도 위험한 인물인데 왜 그를 선택하셨나요?

좋은 질문입니다.

그것은 어쩔 수 없는 선택이었습니다.

오랫동안 용병에만 의지해 온 피렌체에는 군대를 지휘할 만한 인물이 없었어요.

의… 의원님, 그렇게 쏘시면 큰일납니다.

미필 인증하냐

돈 미켈레토는 체사레의 농민군을 지휘하는 등 병사 육성 경험이 풍부했습니다.

하나!

태권도!

또 국회는 피렌체 정규군이 소데리니의 권력강화에 이용될까 두려워했어요.

아····

그래서 피렌체와 아무 관련없는 외국의 용병대장을 더 선호했죠.

✤ 군주론 13장 ✤
원군, 혼합군, 자신의 군대
...
자체의 군대 없이는 어떠한 군주국도 안전하지 못하다. 안전하기는커녕,
위기에 처했을 때 충실하게 국가를 방어할 역량(비르투)이 없기 때문에,
전적으로 운에 의존해야 한다.

원군(자기편을 도와주는 외부의 군대)은
용병보다 훨씬 더 위험합니다.

함께 고구려를
칩시다!

그들은 잘 결속되어 있으면서 당신이 아닌
다른 사람에게 복종하기 때문입니다.

예, 폐하.
기회 봐서
신라의
뒤통수를…

비잔틴 제국의 황제는 이웃나라들과 싸우기
위해 1만 명의 튀르크 군사를 끌어들였는데

1353년 이오나네스 칸타코우제노스 황제

전쟁이 끝나고도 튀르크 군대는 본국으로
돌아가려 하지 않았습니다.

집에 좀 가라

이것이 1453년 비잔틴 제국 멸망의
시발점이었습니다.

다윗과 골리앗은 다들 아시죠?

다윗이 사울왕에게 블레셋의 투사 골리앗과 싸우겠다고 하자

학교 땡땡이치고 여기 온거니?

새파랗게 어린애가···

왕은 다윗에게 갑옷과 무기를 주었지만 그것들은 다윗에게 맞지 않고 불편했지요.

에혀

그래서 다윗은

자신의 투석기 하나로 골리앗과 맞섰습니다.

다들 제가 우세하다고 생각하겠지만 그렇지 않아요.

사실 저건 지금으로 치면 총과 같답니다.

결과는? 다윗의 승리였죠.

눈에 보이는 것이 전부가 아님을 잊지마세요.

그럼 안녕!

빡

꿀꺽!

타인의 갑옷과 무기는 너무 헐겁거나 너무 꽉 조여 움직임을 방해합니다.

마찬가지로 군주는 용병이나 원군이 아닌 자신의 군대를 가져야 합니다.

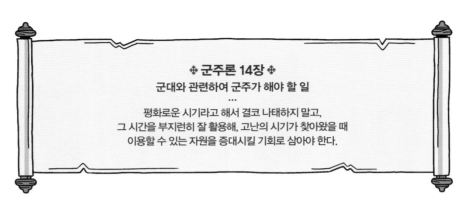

⟊ 군주론 14장 ⟊
군대와 관련하여 군주가 해야 할 일
...
평화로운 시기라고 해서 결코 나태하지 말고,
그 시간을 부지런히 잘 활용해, 고난의 시기가 찾아왔을 때
이용할 수 있는 자원을 증대시킬 기회로 삼아야 한다.

아 오늘 수업 왤케 길어.

몰래 게임이나 해볼까?

군주는 전쟁과 군사 외 다른 것에 정신이 팔려서는 안 됩니다.

무기보다 삶을 치장하는 데 신경을 쓸 때
군주는 자신의 지위를 잃게 됩니다.

군주는 평소 전쟁에 대해 생각하고
병사를 잘 훈련시켜야 하며

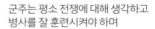

스스로도 사냥을 통한 신체단련과
주변 지형 습득에 힘써야 합니다.

신체단련!

그 말이 나오길
기다렸습니다.

옆 건물 무에타이
체육관 관장입니다.

피렌체학원 수강권
제시시 20퍼센트할인
해드려요.

어휴, 관장님!
14장 강의 있을 때마다
몰래 들어오시네.

하하, 교수님
죄송해요.

욜라 뿡따이~

…계속하죠.

정신을 훈련하려 한다면
군주는 모름지기
역사서를 읽어야 합니다.

특히 위인들의 행동을 연구하여 그들이
승리한 이유를 모방해야 합니다.

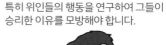

알렉산더 대왕은 아킬레우스를 본보기로 삼았고, 카이사르는 알렉산더를 모방했습니다.

평화로운 시기라고 해서 나태하지 말고 그 시간을 잘 활용해

고난의 시기에 쓸 자원을 비축해야 합니다.

그렇게 하면 포르투나(운)가 불리하게 변할지라도 그 충격에 맞설 수 있습니다.

풍랑이 와서

잠수함 모드로 변신했다!

동네커피

오늘은 자기계발서 읽는 것 같지 않았수?

정말 그렇게 들릴 만한 말이 많았던 것 같아.

근데 레드벨벳은 언제 컴백할까?

곧 하지 않을까요?

후후후…

적의 공격을 방어하는 법

전 평범한 사무원으로 사회생활을 시작했어요.

취업의 기쁨은 잠시뿐이었고, 잦은 야근과 주말 특근에 몸과 마음이 늘 황폐했습니다.

그래도 언젠간 나아지리라 기대하며 꿋꿋이 버텼는데

공손찬의 세력이 기울자 젊은 사람들도 명퇴 명단에 올랐고 결국 내쫓기게 되었죠.

아르바이트를 하며 더 훌륭한 주군을 찾아다녔지만

(주)동탁 서류전형 합격을 축하합니다. 면접 일정은…

오오, 서류합격!

어딜가나 별로 다를 바가 없었습니다.

토익점수가 낮구만.

이래갖고 영어권 장수와 싸울 수 있겠나?

그럼 면접은 왜 불렀어!

그리고 깨달았어요.

결국 이 사회 구조에 근본적으로 문제가 있다는 걸.

그래서 유비님께 온 거예요.

유비님이야말로 천하의 틀을 다시 짜실 분입니다.

오늘부터 받들어 모시겠습니다.

아이고 이 사람아…

뜻을 같이 해준다니 고맙네.

종종 출연하겠습니다.

짝짝짝

근데 관우 형님.

응?

킹 오브 열정페이

사실 우리가 더 문제가 많은 것 아니우?

무보수에 4대보험도 안 되고…

으음…

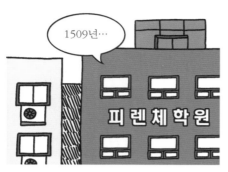

1509년…

피렌체학원

저는 어느덧 마흔 살이 되었습니다.

머리야 자라라… 톡톡톡

세 아이의 아버지였고

엄마 이 아저씨 누구야?

집에 코빼기도 안 비치는 네 아빠란다.

지위가 상승하여 주요 정부기관 세 곳의 통합 서기관이 되었습니다.

아빠가 바빠서 그래

이탈리아의 정치 형세에도 변화가 일어나고 있었죠.

87쪽에 잠시 나왔는데 기억나시나요?

그 중심은 새 교황 율리오 2세였습니다.

그는 전 교황 알렉산데르 6세만큼이나 권력욕이 강한 사람이었습니다.

이탈리아 내꺼!

128

르네상스 미술의 정수를 느낄 수 있는
시스틴 예배당 천장화나

모세상 등은 교황의 후원 아래
이루어진 대표적인 작품입니다.

어쨌든 영토 확장으로 의기양양해진 교황은
이제 궁극의 적에게 칼끝을 돌렸습니다.

바로 프랑스죠.

이탈리아 내 여러 지역을 점령하고 있는
프랑스가 못마땅했던 교황은

봉주르!

쁘렝땅
쁘릉땅

여기가 이태리야
프랑스야!

신성로마제국, 스페인과 손을 잡습니다.

신성로마제국은 로마가
아니라 오늘날 서유럽에 있었던
국가연합체입니다.

똑똑하네

피렌체!
너희도 합류해라.

이탈리아가
다같이 뭉쳐야지.

프랑스는 골치아픈 이탈리아에서 군대를 철수하기로 합니다.

젠장! 그래 나간다 나가!

이태리만 땅이냐!

휙

교황은 졌지만 승리한 셈이었죠.

계획대로야.

피렌체에는 날벼락 같은 소식이었습니다.

안돼!

프랑스 이 바보!

곧 1만 명의 스페인 군대가 교황의 명을 받아 피렌체 침공에 나섰습니다.

알겠습니다, 교황님.

이것들 싹 다 그냥 막…

니콜로, 우리 어쩌면 좋지?

불리한 상황이긴 합니다만

피렌체 정규군에게 희망을 걸어보고 싶습니다.

피렌체 정규군!

1506년부터 훈련을 시작한 피렌체 정규군은

우리가 누구!

피렌체 정규군!

피렌체의 미래가 걸린 방어전에 나서게 되었습니다.

1512년 8월 피렌체 북쪽 프라토에서 스페인군과 피렌체군이 맞섰습니다.

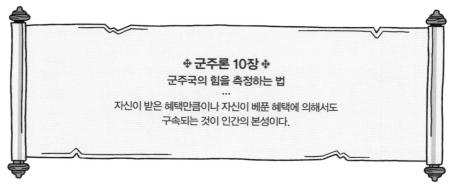

✢ 군주론 10장 ✢
군주국의 힘을 측정하는 법
...
자신이 받은 혜택만큼이나 자신이 베푼 혜택에 의해서도
구속되는 것이 인간의 본성이다.

도시에서 적을 방어하는 경우에 대해 알아봅시다.

딱 방금 피렌체 상황!

도시가 견고하고 백성들에게 미움받지 않는 군주는 적의 공격을 능히 물리칩니다.

요새 안에서 군주는 백성들에게 재난이 오래 가지 않을 것이라는 희망을 주어야 하며

백성님들 힘내세요~

제가 있잖아요~

조급하고 무모하게 구는 자들을 차단하기 위해 기민하게 움직여야 합니다.

이 구절의 의미는 명확하진 않지만

암튼 까부는 놈들은 처리하란 얘기겠죠.

저런 얘기가 왜 안 나오나 했다.

그래도 요 며칠간은 잠잠했습니다.

적군은 도시 주변 영토를 파괴할 것입니다. 이 때문에 재산 피해를 입는 사람이 나오는데

야! 거기 우리 감자밭인데!

그들은 군주를 방어하다 그리 됐으니 군주가
자신들에게 빚을 졌다고 생각할 것입니다.

자네 감자밭이
불탔다며?

아유 정말
나쁜 놈들이야.

이게 다 군주탓…

그런 자들을 또 교묘하게
처리해야겠군요.

아닙니다.

오히려 그들은 군주를 돕기 위해 더욱 더
힘을 다합니다.

감자밭의
몫이다!

네? 어째서요?

인간은 받은 은혜만큼이나 자신이 베푼 은혜에
의해서도 서로 끈끈해지기 때문입니다.

그러니까 제가
물에 빠진 사람을
구해준다면

그가 제게
고마워하게
됨은 물론

아푸푸

저 자신도 그에게
유대감을 느끼게
된다는 말이죠.

내 보따리는?

저 새X한테는
예외네요.

다시 말해 군주가
자신들에게 빚을 졌다고
생각하는 사람들은

더 단단해진 유대감을
갖고 싸우게 됩니다.

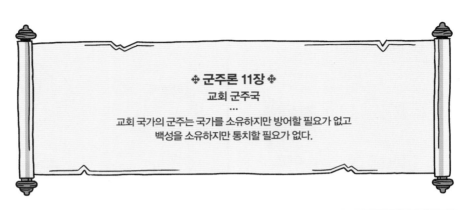

⚜ **군주론 11장** ⚜
교회 군주국
...
교회 국가의 군주는 국가를 소유하지만 방어할 필요가 없고
백성을 소유하지만 통치할 필요가 없다.

교회 군주국에 대해 알아봅시다.

교회 군주국이란 교황이 지배하는 국가를 말합니다.

교회 군주국은 오랜 역사를 가진 종교제도들에 의해 지탱됩니다.

현재도 바티칸은 교황이 통치하는 독립국이랍니다.

교황 프란치스코
(제266대, 2013~)

그 제도들은 군주(교황)이 어떻게 행동하고 살든 권력을 유지하게 해줍니다.

알렉산데르 6세만 봐도 그렇네요.

국가는 방어하지 않아도 뺏기지 않고 백성은 통치되지 않아도 개의치 않습니다.

부처 핸썸! 아싸!

아무리 저래도 교황한테 반기를 드는 건 좀 그래.

그럼에도 최근 교회가 강력한 세속 권력을 얻은 데에는 두 사람의 역할이 컸습니다.

교황이 품위 없게스리…

넌 품위가 있어서 맨날 쌈박질이냐?

알렉산데르 6세는 아들 체사레 보르자를 통해 교황령을 확장했고

율리오 2세는 이탈리아에서 프랑스를 몰아냈죠.

자기들이 제발로 나가긴 했지만…

그렇게 생각해주면 고맙고.

이러한 군주국은 하느님에 의해 건설되고 유지되는 것이어서

하늘의 뜻이 뭔지 도저히 알 수가 없네 정말…

여기서 더 논의하지는 않겠습니다.

마선생님도 이해를 포기하신 듯

자, 이렇게 하늘이 돕는 교황의 군대를 맞은 피렌체의 군대는 어떻게 될 것인가?

다음 시간에 만나요~

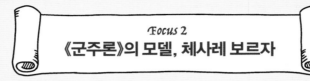

군주의 안전과 성공을 위한 조언을 담은 《군주론》은 설명의 이해를 돕기 위해 다양한 역사적 사례들을 제시합니다. 그중에는 당연히 과거나 당대의 잘 알려진 군주들의 행적이 있습니다. 시라쿠사의 왕 아가토클레스Agathocles는 잔혹한 행위를 단번에 저지르는 것의 유용성을 보여주는 사례로 소개하고 《군주론》9장), 프랑스의 필리프 4세는 비난받을 일은 남에게 넘겨야 한다는 것을 보여주는 인물로 소개합니다 (《군주론》19장). 그중 《군주론》에서 가장 비중 있게 등장하는 인물은 분열된 이탈리아 내 소국을 하나하나 점령하여 통일 이탈리아의 그림을 제시했던 체사레 보르자입니다.

마키아벨리는 군주의 과감한 결단력뿐 아니라 자주국방의 중요성을 강조할 때 체사레의 예를 주로 드는데, 《군주론》7장에서는 아예 장 전체에 걸쳐 그의 행적을 본격적으로 소개했습니다. 체사레 보르자는 교황 알렉산데르 6세의 아들로, 교황이 추진했던 이탈리아 중부 정복 사업의 실질적 수행자였습니다. 그가 영토를 정복하는 방식은 남다른 데가 있었는데, 군대를 동원해 전투를 일으키기도 했지만, 때로는 매수, 암살 등의 권모술수로 전투 없이 영토를 집어 삼키기도 했습니다.

《군주론》에서 체사레의 사례가 제시하는 교훈 중 하나는 군주가 자신의 군대를

존 콜리어, 〈체사레 보르자와의 와인 한 잔〉, 1893.
왼쪽부터 체사레 보르자, 동생 루크레치아 보르자,
교황 알렉산데르 6세, 그리고 빈 잔을 들고 있는 남성.
술을 건네는 체사레를 빈 잔을 든 남성이 미심쩍은 눈으로 쳐다보고 있다.

거느려야 한다는 것이었습니다. 《군주론》 7장에 따르면 체사레가 이탈리아 중부 지역으로 영토를 확장하는 과정에서 걸림돌이 되었던 것은 그가 고용한 용병들의 약한 충성심이었습니다. 그들은 돈으로 고용된 병사들이었기 때문에 전투에 적극적이지 않았고, 상황이 불리해질 경우 체사레를 배신할 위험이 항상 도사리고 있었습니다. 따라서 체사레는 타인의 군대에 의존하지 않기로 결심하고 자신의 군대를 육성하기로 했습니다.

그는 용병을 해체하고 자신이 점령한 지방에서 충원된 사람들로 군대를 편성했습니다. 마키아벨리는 그 이후 체사레에게 점령지의 반란, 용병 대장들의 배신 등 많은 위험들이 닥치지만 자국군을 편성한 덕택에 위기를 극복하고 정복사업을 계속 추진할 수 있었다고 설명합니다.

《군주론》에서 체사레가 보여주는 또 하나의 중요한 교훈은 군주는 속임수를 능숙하게 쓸 줄 알아야 한다는 것입니다. 정복사업 중 체사레는 이른바 '마조레의 반란'이라 불리는 용병 대장들의 반란을 겪게 됩니다. 일생일대의 위기 앞에서 체사레가 택한 것은 무력 진압이 아니라 교묘하게 의도를 감춘 화해의 제스처였습니다. 체사레는 용병 대장들에게 너그러운 태도로 끊임없이 평화 협상을 시도하여 경계심을 늦춘 뒤, 화해를 위한 잔치에서 용병 대장들을 모두 체포하여 처형했습니다.

이뿐만이 아닙니다. 체사레가 정복한 로마냐 지방은 약탈, 싸움 등 온갖 무질서가 난무하는 곳이었습니다. 로마냐 지방의 질서를 확립하기 위해 체사레는 잔인하기로 악명 높은 부하 레미로 데 오르코를 로마냐에 파견합니다. 예측대로 로마냐는 질서를 확립했지만, 레미로의 폭정으로 인해 체사레에 대한 로마냐 사람들의 원성이 높았습니다. 때가 왔음을 깨달은 체사레는 레미로를 체포하여 처형하고 그 시신을 광장에 전시했습니다. 이것을 본 로마냐 주민들은 이제까지의 폭정이 체사레가 아닌 레미로의 잘못이었다고 생각하고 만족스러워했습니다. 이렇듯 체사레는 자신의 군대를 가짐으로써 스스로의 안전을 확보하고, 권모술수를 통해 위기를 극복하는, 《군주론》의 모델에 가장 가까운 인물이었습니다.

하지만 그런 체사레조차 포르투나(운명)의 장난 앞에서는 힘없는 어린아이에 불과했습니다. 1503년 아버지인

교황 알렉산데르 6세가 사망합니다. 마조레의 반란 이후 맞닥뜨린 또 한 번의 위기였지만 체사레는 이미 오래전부터 고령의 아버지의 죽음에 대비해왔던 터라 이번에도 헤쳐나갈 자신이 있었습니다. 그렇지만 불행은 누구도 예상하지 못했던 곳에서 찾아왔습니다. 체사레가 말라리아에 감염된 것입니다. 이탈리아 최고 권력자인 교황의 자리가 빈 중요한 상황에서 말라리아에 감염되어 정신이 혼미해진 그는 자신에게 적대적인 교황이 선출되는 것을 막지 못했습니다. 이후 병에서 회복됐지만 예전의 기력과 명민함을 잃은 그는 빠른 속도로 반대파들에 의해 영토를 빼앗겼고, 얼마 지나지 않아 전투 중 사망했습니다.

결정적인 순간에 예기치 못한 병을 얻어 나락으로 떨어졌지만, 마키아벨리는 그것이 체사레의 잘못이라기보다는 "보기 드물게 너무나 악의적인 운"* 때문이며, 그만큼 군주에게 좋은 본보기가 되는 인물은 없다고 말합니다. 마키아벨리에게 체사레는 사자의 무력과 여우의 간교함을 갖춘, 이탈리아에 내린 "한 줄기 빛"과 같은 인물이었습니다. 하지만 동시에 병으로 인한 체사레의 갑작스러운 몰락은 마키아벨리가 운명과 인간의 의지에 대해 끊임없이 질문하게 하는 원천이 되기도 했습니다.

• 니콜로 마키아벨리, 김종원 옮김, 《군주론》, 위즈덤하우스, 2017, 193쪽.

3교시

세상에
좋은
군주는 없다

전국의 영웅호걸님들 안녕하세요.

날로 구독자가 늘어나는 '유비의 생존요리'!

오늘 만들 요리는 '임박 김치볶음밥'입니다.

마트에서 유통기한이 임박한 할인재료들을 주로 사용한 김치볶음밥이죠.

내 단골 코너···

시작부터 쌉쓸하네요.

할인상품

50% 30%

준비물은 양배추, 김치, 새송이버섯,

마늘 2개와 고추장, 굴소스입니다.

준비한 재료들 먹기 좋게 잘 다져서 종이컵에 한 컵씩 담아주세요.

마늘도 기름에 볶아주시고요.

다진 재료를 마늘 기름에 한꺼번에 넣습니다.

여러분의 시간은 소중하니까요.

자, 스페인 군대와 맞선 피렌체가 어떻게 되었나 알아보죠.

1512년 8월 스페인군과 피렌체 정규군의 전투가 벌어졌습니다.

돌격~!

실전 경험은 부족하지만 가족과 마을을 지키기 위해 온 힘을 다한 피렌체군은

놀랍게도 적의 공격을 격퇴해냈습니다.

그동안의 노력이 헛되지 않았음을 증명한 것이었죠.

대~한민국!

전투에 잔뼈가 굵은 스페인군은
어안이 벙벙했습니다.

뭐… 뭐야.
그냥 오합지졸인 줄
알았더니…

그리고 곧 협상을 제안했습니다.

식량만 주면 물러나서
자기네들이 교황한테
잘 말해보겠대!

까똑!

잘됐습니다.
제안을 수락하시죠.

무슨 소리야.
이건 기회라구.

끄으으으!

흑화한다?!

이참에 우리
피렌체가

스페인 군대를
쓸어버리는거다!

예에?!

소데리니 정부가 협상을 거절하자
분노한 스페인 군대는 공격을 개시했고

이것들이 우릴
뭘로 보고!

총공격!

굶주림에 죽기살기로 덤벼드는 스페인 군대에

프라토 요새는 함락되고 말았습니다.

접수 완료
했습니다.

소데리니는 줄행랑을 쳤죠.

안녕 피렌체

훗날 저는 또 다른 저서 《로마사 논고》에서
이 일을 두고 이렇게 논평했습니다.

사야 되나

"자신보다 훨씬 더 강력한 적군이 먼저 협상을
제안할 때 거부하는 것은 어리석다."

흥

"만일 그때 스페인군의 요구를 받아들였다면
양측 다 명예를 지키고 만족스러웠을 것이다."

이제 피렌체는 수뇌부가 없는 상태가 되었습니다.

곤팔로니에레가 안 계시니 당분간 결재할 수 없네.

선생님, 선생님도 소데리니와 함께 피신하셨어야 하지 않나요?

저는 어디까지나 명령을 수행하는 공무원이었습니다.

아···

새 정권에서 계속 일한다고 해도 이상할 것은 없었어요.

반은 맞고 반은 틀린 생각이었죠.

?

1512년 9월 1일 교황의 명을 받아 피렌체로 입성한 사람은

바로 메디치 가문의 줄리아노 데 메디치 였습니다.

메디치가 기억하시죠? 오랫동안 피렌체의
지배세력으로 군림했으나

로렌초 데 메디치(1449~1492)

18년 전(1494) 프랑스의 침략으로
피렌체를 떠난 가문.

조상님 뵐
면목이 없다!

피에로 데 메디치(1471~1503)

메디치가는 그동안 새 교황을 도우며
세력을 다시 키웠고

프림 하나
설탕 반입니다.

교황의 힘을 얻어 근거지였던 피렌체에
돌아온 것이었습니다.

저기 김밥가게
없어졌네?

커피숍 왤케
많아졌어!

피렌체에 입성한 줄리아노 데 메디치는
조용히 일을 처리했습니다.

시민 여러분은 안심하고
생업에 종사하십시오.

명목상의 곤팔로니에레를 선출했고 의회에는
메디치가 지지자들을 대거 앉혔죠.

그리고 저는 해직통보를 받았습니다.

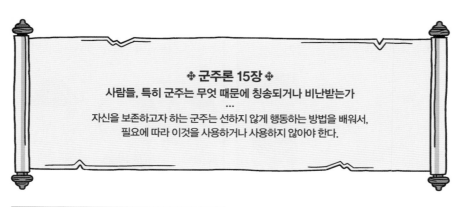

✤ 군주론 15장 ✤

사람들, 특히 군주는 무엇 때문에 칭송되거나 비난받는가
...
자신을 보존하고자 하는 군주는 선하지 않게 행동하는 방법을 배워서,
필요에 따라 이것을 사용하거나 사용하지 않아야 한다.

군주론 이전에도 군주의 덕목을 말하는 책들은 있었습니다.

논어, 맹자!

플라톤은 《국가》에서 철학자가 왕이 되어야 한다고 말했습니다.

안녕하세요 교수님 아니, 폐하.

그러한 왕이 해야 할 일은 국가의 목적인 정의를 실현하는 것이었죠.

로마의 사상가 키케로는 《의무론》에서 군주의 자애로움을 강조했습니다.

All you need is love~

하지만 저는 그들이 실제로 존재한 적 없는
국가를 상상했다고 봅니다.

러브 같은 소리
하고 앉아 있네!

인간이 '어떻게 살아야 하는가'와
'실제 어떻게 사는가' 사이에는
큰 차이가 있습니다.

대부분의 사람이 선하지 않은 세상에서
항상 선하게 행동하려 한다면

불쌍한 제비.
다리를 다쳤구나.

내가
치료해주마.

얼마 못 가서 파멸하고 말 것입니다.

크하하
용돈 잘 쓸게!

슝

내 지갑?!

그러므로 군주는 필요에 따라 선하지 않게
행동할 수 있어야 합니다.

나왔다. 오늘의
충격 문구.

이런 부분들이
정말 혼란스러워.

악덕에 대해 거부감을 느끼시는 것은 이해합니다.

불쑥

꺅!

하지만 일견 악덕으로 보이는 것이 안전과 번영을 가져다주기도 합니다.

체사레가 점령한 로마냐 지방은 무질서하고 불법이 성행했습니다.

크하하 담배 뻑뻑!

탕

탕

수박씨 발라먹어!

이곳에 체사레는 잔인하기로 악명높은 레미로를 파견했죠.

엄마

그 결과 로마냐는 질서가 회복되었습니다 (군주론 17장).

로마냐 범죄 발생률

악덕으로 악명을 떨치라는 이야기가 아닙니다.

84쪽 참조!

악덕으로 인한 오명은 지위를 앗아갈 수 있습니다.

권력을 잃을 정도는 아닌 작은 악덕이라도 가능하면 피해야 합니다.

개미!

하지만 그럴 수 없다면?

그때는 오명을 얻는 것도 개의치 말아야 합니다.

악덕 없이는 권력을 유지하기 어려우니까요.

"악덕 없이는 권력을 유지하기 어려우니까요."

"악덕 없이는…"

인색하되 미움받지 않는 것

해직 이후 저 마키아벨리가 어떻게 되었는지 봅시다.

누가 내 얘기 하나…

1512년 마키아벨리와 가족들은 산탄드레아에 있는 작은 시골집으로 이사했다.

애들은 좋은가봐.

그의 나이 마흔 셋이었다.

여보, 우리도 커피숍 할까?

그러던 어느날

커피숍은 아무나 하는 줄 알아…

문 열어라!

쾅 쾅

무… 무슨 일입니까?

니콜로 마키아벨리, 너를 반역 혐의로 체포한다.

예에?!

마키아벨리는 피렌체 정부에 대한 반역을 모의한 혐의로 체포되었다.

여보, 어떡해!

걱정마. 뭔가 착오가 있나보지.

자초지종은 이러했다.

메디치가의 집권 이후 정권을 전복시키려는 음모가 있었고

이들은 자신들의 계획에 동참하리라 예상되는 사람들의 명단을 작성했는데

여기에 마키아벨리의 이름이 적혔다.

마키아벨리도 넣자.

그래. 소데리니의 최측근이었으니까.

이들의 음모가 발각되자

삐—뽀

삐—뽀

명단에 적힌 인물들 역시 공모자의 혐의를 받게 된 것이었다.

이놈들 싹 다 잡아들여!

날개꺾기
(strappado)

팔이 등 뒤로 묶인 채 들어올려졌다가

잔인한 영화 못 보는 유비

고문이 여섯 차례나 가해졌음에도

마키아벨리는 끝까지 결백을 주장했다.

재판정은 더 심문하는 것을 포기했고

감옥에 넣어라.

독하네

마키아벨리는 지하감옥에 투옥되었다.

어둡고 습한 지하감옥에서 그는 앞날이 어떻게 될지 도무지 알 수 없었다.

어구구 허리야

자, 《군주론》 강의 들어갑시다.

서… 선생님, 고문을 당하고 투옥되셨다구요?

누구나 사연은 있는 법이죠.

❖ 군주론 16장 ❖

후함과 인색함

…

분별 있는 군주라면 인색하다는 평판을 듣는 것에 개의치 말아야 한다. (…)
인민에게 부담을 지우지 않고도 군사 행동에 착수할 수 있다는 것을
사람들이 알게 되면, 그는 점차 더욱 후하다는 평판을 얻게 될 것이기 때문이다.

인심이 후하다는 평판을 듣는 것은
좋은 일입니다.

나는 관대하다~

하지만 정말로 후하게 행동하면

기분이다!
옛다, 5만 원.

핫?! 감사합니다!

그것은 당신에게 해가 될 것입니다.

뭐? 왜?

맘 변하기 전에
튀자

후하다는 평판을 들으려면
많은 재물을 써야 하는데

집집마다
에어컨 놔줘라.

전기차도 한 대씩
보급해주고.

그래서 적이 쳐들어왔을 때 백성들에게 부담을 지우지 않고도 군사행동을 한다면

적군이 쳐들어 오고 있습니다!

그동안 알뜰하게 모아서 만든 미사일 '절약-1호' 발사!

발사!

오히려 이것이 당신에게 후하다는 평판을 가져다 줄 것입니다.

증세 없이 적군을 물리쳤다.

와

와

진짜 관대하시다!

선생님, 카이사르는 주변에 씀씀이가 컸다는데 어떻게 로마 제국을 얻었나요?

맞습니다. 카이사르는 후함을 통해 지지자들을 얻었다고 하죠.

그랬다고 《군주론》에 써 있네요.

그래?

하지만 그 역시도 최고의 지위에 오른 후엔 지출을 절제했습니다.

아빠, 나 학원비…

공부도 안 하는 게 돈 아깝게 학원은 무슨.

그냥 기술 배워.

십 만 십일 만…

따라서 권력을 얻기 전에 한해서만 후하다는 평판을 얻는 것이 좋다고 하겠습니다.

남한테는 펑펑 썼으면서…

아빠 미워.

부르투스가 배신한 원인(?)

후함은 결과적으로 당신을
멸시와 미움으로 이끕니다.

"국가 재정난으로
세금 높이고
복지 줄여…"

내 세금 다
어디다 썼어!

인색하다는 평판을 받더라도
미움을 받지 않는 편이 훨씬
지혜롭습니다.

탁

형님,
나 배고파요.

컵밥 사주.

그래? 안 그래도
나도 좀 출출…

잠깐!

'후함은 당신을 멸시와 미움으로 이끕니다.'

알거지 됐으니
이제 볼 거 없네.

잔혹하다는 평판이 더 낫다

1512년 로마

으하하하!

나는야 교황!

세계의 지배자!

프랑스도 물리쳤다! 나를 당할 자 그 누구…

저기요.

응?

율리오 2세 맞으시죠?

네, 전데요.

1512년 3월 교황 율리오 2세가 사망했다.

한바탕 꿈이었네요.

다들 그렇게 말하죠.

새 교황으로 선출된 사람은 피렌체 출신이자 메디치가의 수장인 조반니 데 메디치였다.

온 피렌체가 축제 분위기로 들떴고

피렌체 출신
교황님!
와!
와!

레오 10세가 된 새 교황은 취임을 기념하여
특별사면령을 내렸다.

빵 하나 훔쳤다고
19년 징역?
너무하네.
애 풀어 줘라.
장발장!
사면!

수감 한 달째였던 마키아벨리도
이때 풀려났다.

여보!
아빠!

이제 다섯 아이의 아버지가 된 마키아벨리.

근데 말야…
맨날 출장 가 있었는데
애들은 다 어떻게 생긴 거지?
이 밤중에
싸우자고?

생계를 위해 뭐라도 해야만 했지만 공무원
이었던 그가 할 만한 일은 많지 않았다.

너무 고스펙에
나이도 있으시고…
눈을 많이
낮추셔야 할 것
같아요.

취업센터

결국 벌목 감독관으로 일을 하긴 했지만

그는 많은 시간을 술집에서 보냈다.

캬~ 역시

스토리가 막힐 땐 맥주지.

웹툰 작가인가 보군요.

아, 네…

멋지네요.

뭘요.

그나마 잘하는 게 이거라 그냥 하는 거죠.

'잘하는 것을…'

'한다…?'

고맙소 작가님!

작품 잘 볼게요!

제목은 좀 알고 가시지…

?

후다닥

석방된 다음 해 마키아벨리는 《군주론》 집필을
시작했다.

체사레 보르자, 율리오 2세 등 여러
리더들의 흥망성쇄를 통해 그가 본 것은

'인간이 어떠해야 한다'는 것과 '실제로 인간이
어떠한가'는 매우 다르다는 것이었다.

《군주론》은 그런 현실에서 군주, 누구보다도
피렌체의 지도자가 따라야 할 지침들을 담았다.

로렌초 데 메디치(1492~1519)

그는 《군주론》이 피렌체로 복귀할 수 있는
길을 열어주리라 믿었다.

1514년 초, 그는 《군주론》을 탈고했다.

마키아벨리는 《군주론》 사본을 피렌체의
새 통치자 로렌초 데 메디치에게 전했다.

> 이건 뭔가?

> 지난 정부에서 일한 마키아벨리가 헌정했습니다.

하지만 그는 원고를 읽지도 않고 버렸다.

> 훗,
> 난 '저스툰'만 봐.

> 클라스가 다른 재미 저스툰!

휙

> 아, 네…
> 안 보신다고요.

> 아닙니다.
> 신경 써주셔서
> 감사합니다.

> 너무
> 상심하지마.

> 또 알아? 나중에
> 고전이 되어서 웹툰으로도
> 그려질지?

뼈아픈 실패였다.

> 잠시 바람 좀
> 쐬고 올게.

** 군주론 17장 **

잔인함과 동정심, 두려움의 대상이 되는 것과
사랑받는 것 중에 어느 것이 더 좋은가
...
무엇보다도 그(군주)는 다른 사람의 재산에 손을 대지 말아야 한다.
사람들은 아버지의 죽음은 금방 잊어버려도 남긴 유산을 잃는 것에 대해서는
그렇지 않기 때문이다.

군주가 사랑받는 것과
두려움의 대상이 되는 것 중
어느 쪽이 더 나을까요?

당연히 사랑받는
쪽이죠!

당신은~
사랑받기 위해
태어난 사람~

한 가지만 선택해야 한다면
두려움의 대상이 되는 쪽이
낫습니다.

사랑의 멋짐을
모르는 당신은
불쌍해요!

왜냐하면 사람들은 은혜를 모르고
변덕스럽기 때문입니다.

잔혹하다는 평판이 더 낫다 175

혜택을 베풀 때는 당신 편이지만,

당신이 곤경에 처하면 그들은 당신을 떠날 것입니다.

노후는 생각 안 하고 퍼주기만 하더니...

PLEASE
HELP A
HOMELESS

또한 사람들은 두려운 존재에게 해를 가하는 것은 어려워하면서

사랑하는 사람에게 해를 끼치는 일은 덜 주저합니다.

나랑 헤어지자고? 이런 콱!

사랑의 끈은

이익을 챙길 기회가 생길 때마다 쉽게 끊어집니다.

반면 두려움의 끈은

처벌의 공포로 유지되어 결코 끊어지지 않습니다.

충성!

'두려움의 끈은 끊어지지 않는다.'

그러면 나도 가끔은 동생들에게 무섭게 대해야…

무력 152　　무력 45　　무력 163

그냥 가만히 있자…

단, 자신을 두려움의 대상으로 만들더라도

미움을 받지는 않도록 해야 합니다.

무엇보다…

다른 사람의 재산에 손을 대서는 안됩니다.

삼촌 피규어에도 손 대는 거 아니다.

혼나!

왜냐하면 사람은 아버지의 죽음은 금방 잊어버려도

아버지의 원수!

…지만 용서하지.

다 지난 일

아버지가 남긴 유산을 잃는 것에 대해서는 결코 잊지 않기 때문입니다.

하지만 아버지 유산을 가져간 놈은

용서 못 해!

어휴 그런 나쁜 놈이 있다뇨

햄릿아, 저 말이 정녕 사실이냐?

그… 그럴리가요, 아버지.

아버지를 독살한 클라우디우스 삼촌!

반드시 그를 죽여 아버지의 원수를 갚겠습니다.

…라고는 했지만 어차피 삼촌 돌아가시면 자연히 왕관은 내 거고…

아버지 강남 아파트는 생전에 이미 상속받았다.

복수를 꼭 해야 하나? 아버지 죽음은 안타깝지만…

?

나도 내 인생 살아야지.

아들아… 복수해줄 거지?

예, 예. 해요. 한다니까요.

요즘 바빠요.

햄릿의 복수가 지연된 진짜 이유?

군주는 잔인하다는 평판을 듣는 것에 개의치 말아야 합니다.

지나친 동점심으로 무질서를 유발해

살인은 했지만 음주로 심신이 미약했으니

징역 1년에 집행유예 2년!

황공!

불법이 성행하게 만드는 것보다 잔인한 군주 소리를 듣는 것이 낫습니다.

네가 신고했지!

불법에 따른 무질서는 공동체 전체에
해를 끼치지만

군주에 의한 처형은 그 한 명에게만
영향을 줄 뿐입니다.

그러므로 몇 차례 가혹하게 본보기를
보임으로써 공동체에 질서를 확립할 수 있습니다.

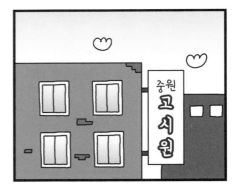

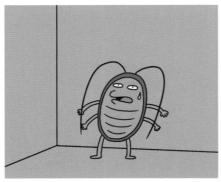

여우와 사자의 특성 갖추기

이것 봐! 조조가 인공지능 책사를 도입할 예정이래.

'알까고'라 불리는 인공지능 군사 전략 프로그램이

최고의 전략가인 곽가와의 전쟁 시뮬레이션 게임에서 '3:0'으로 승리했대.

GG!

아~ 곽가 선수, 이대로 짐 싸서 고향 내려가나요!

인공지능이 사람의 일을 뺏어가니 큰일이네요.

서비스 안주입니다.

꺄~ 땡큐!

사람 종업원 대신 로봇을 쓰는 가게들도 늘어나는 추세예요.

알바 구하기도 더 어려워지고

갈수록 사람이 설 곳이 없어지는 것 같아요.

* Liu Bei : 유비의 영문표기

《군주론》이 메디치가에
의해 외면당하자

좌절은
깊어갔습니다.

온 젊음을 피렌체의 공무에 바쳤던 저는
간절히 공직에 복귀하길 바랐습니다.

복직한다.

안 한다.

복직한다.

정부에서 돌을 나르는 일을 시킨다고 해도
기꺼이 받아들일 마음이었어요.

지게 있는데

하지만 메디치 군주는 끝내
절 불러주지 않았습니다.

신작 웹툰
《노량진 군주론》?

난 이런 거
별로…

순위도
낮네

가족에게도, 저 자신에게도 쓸모없는 인간이
된 것 같은 기분이었어요.

오늘 먹고
죽읍시다

그래도 다행히 마음을 의지할 수 있는 일이 생겼습니다.

여보, 웬 청년들이 집에 찾아왔어.

피렌체 귀족 청년들이 모여 함께 고전을 공부하는 모임이 있었는데

여기에 초청을 받아 스승 역할을 하게 된 것이죠.

총명하고 열정 있는 젊은이들을 가르치면서

이것도 적성에 맞네.

나중에 학원을 차려도 되겠어.

저는 점차 그들 청년들이 이끌어가는 새로운 피렌체의 미래를 그리기 시작했습니다.

안녕히 계세요~

수강료 30만 원씩만 받아도…

그 피렌체는 메디치가가 지배하는 '군주국'이 아닌 시민들의 '공화국'이었죠.

또 하나의 중요한 저작, 《로마사 논고》는 바로 이러한 배경에서 나왔습니다.

목표
베스트셀러 작가

인세 부자

《로마사 논고》는 티투스 리비우스의 《로마사》에 대한 저 마키아벨리의 논평서로

티투스 리비우스
(기원전 59~17)

시민들이 살기 좋은 사회를 만드는 법을 로마 공화정을 참고하여 설명한 책입니다.

《군주론》이 군주를 위한 지침서였다면

강력한 군주가 되자

《로마사 논고》는 공화정을 위한 지침서였죠.

강력한 군주를 경계하자

《로마사 논고》는 《군주론》과 더불어 저 마키아벨리를 논할 때 빼놓을 수 없는 저작입니다.

이후 수업에서 따로 다루겠습니다.

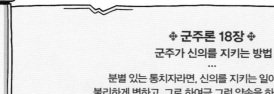

✤ 군주론 18장 ✤
군주가 신의를 지키는 방법
...
분별 있는 통치자라면, 신의를 지키는 일이 자신에게
불리하게 변하고, 그로 하여금 그런 약속을 하도록 만들었던
이유들이 사라졌을 때는, 신의를 지킬 수도 없으며 지켜서도 안 된다.

싸움에는 두 종류가 있습니다.

하나는 힘으로 싸우는 것으로, 짐승에게 적합하며

퍽

읍푸

다른 하나는 법으로 싸우는 것으로, 이것은 인간에게 적합합니다.

술에 취해서 길 가던 저를 때렸습니다.

하지만 인간이 법으로 싸우는 것만으로는 충분하지 않기에

개는 음주로 심신이 미약했으니 무죄,

그와 다툰 너는 '과잉방어'로 징역 1년!

예스!

군주는 짐승의 특성과 인간의 특성 모두를 잘 사용할 줄 알아야 합니다.

이때 짐승들 중에서도 여우와 사자를 선택해야 합니다.

덫을 알아채기 위해선 여우가 되어야 하고

늑대를 물리치기 위해선 사자가 되어야 합니다.

그래, 우리에게서는 분명 사자의 몸과 여우의 머리를 가진 아이가 태어날 것이오.

훗날 두 부부는 사자의 머리와 여우의 몸을 가진 아이를 낳게 됩니다.

선생님, 여우처럼 행동한다는 게 어떤 의미인가요?

'여우처럼 행동한다.'

군주가 약속을 지켜야 하는 경우를 예로 들어보겠습니다.

흔히는 군주는 신의를 지키고 정직해야 한다고 말합니다.

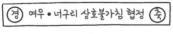

(경) 여우 • 너구리 상호불가침 협정 (쑥)

하지만 분별 있는 군주라면 신의를 지키는 일이 자신에게 불리하게 변할 경우,

폐하, 겨울 한파로 먹이가 부족합니다.

신의를 지키지 않을 줄도 알아야 합니다.

세상 사람들이 모두 선하다면 이 지침은
옳지 않은 것이 될 것입니다.

하지만 사람들은 비열하고 신의가 없으므로
당신도 그들에게 신의를 지켜서는 안됩니다.

KBC
삐—뽀
삐—뽀
뉴스특보 | 동물원 탈출한 여우, 사자 포획
여우의 특성 중 또 한 가지는 '이것인 체 하면서 저것을 숨기는 것'입니다.
군주가 정직, 신의, 신앙심, 이런 것들을 반드시 갖출 필요는 없습니다.
크하하! 좋아, 그렇다면
이딴 양의 탈 따위 벗고…
캬오!
하지만 그것들을 지닌 것처럼 보이는 것은 반드시 필요합니다.
뭐?
필요에 따라 그러한 성질의 반대로 변할 준비를 늘 하고 있어야 합니다.
오늘 풀 맛있다. 그치?
으응… 맛있네.
우걱우걱
젠장
그러는 동안 정직, 신의 등과 반대되는 말이 입에서 새어 나오지 않도록 주의해야 합니다.
불금인데 뭐 먹으러 갈까?
양꼬치… 아, 아니
그냥 풀.

사람들이 당신의 말을 들을 때 신의 있고
정직하고 신앙심이 깊다고 느껴야 합니다.

사람들은 대부분 겉모습으로 상대를 판단할
뿐이며

당신이 진짜 누구인지를 경험하는 사람은
소수에 불과합니다.

그런 소수는 다수의 의견에
감히 맞설 용기가 없습니다.

사람들은 항상 겉모습과
결과에 의해 설득당합니다.

군주의 판단력 VS 민중의 판단력

16세기 르네상스하면 우리는 보통 화려한 예술 작품들을 떠올리지만

군주의 권력이 빠르게 성장하던 시기이기도 했습니다.

봉건영주와 교회 권력이 무너지고 절대군주가 나타나기 시작했습니다.

뭐 인마?

특히 신대륙 발견으로 상품유통이 빈번해졌고 이를 규제하는 군주의 역할이 더 중요해졌어요.

삑 삑

이에 상업의 발달로 새롭게 출현한 중산계급이 군주를 적극 지지했고

그 결과 절대군주정이 유럽 각국에서 출현하게 됩니다.

《군주론》은 그러한 거대한 변화를 예견하고 또 촉진했던 작품이었죠.

이런 배경도 알아두시면 좋을 것 같아요.

자, 이제 일어나시죠.

자기 할 말만 다 하고 뭐야

198

오늘은 저의 최근 저작인
《로마사 논고》를 함께
읽어 보겠습니다.

저건
지난 수업에서
얘기하셨던 책!

《로마사 논고》는 리비우스의
《로마사》에 대한 저의 논평서
라는 것은 이야기했죠?

58장을
펴세요.

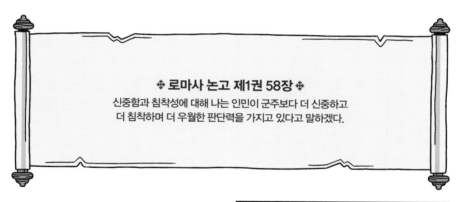

❖ 로마사 논고 제1권 58장 ❖

신중함과 침착성에 대해 나는 인민이 군주보다 더 신중하고
더 침착하며 더 우월한 판단력을 가지고 있다고 말하겠다.

지금까지는 군주에 대해
주로 얘기했습니다만

오늘은 민중에 대해
이야기하겠습니다.

민중과 군주를 비교하자면 민중이
더 영광스러운 업적을 성취합니다.

예?!

큰일 날
소릴···

얘가?

《군주론》에서 저는 민중이 변덕이 심하고 배은망덕하다고 말했습니다.

"A양 왤케 못생겼음?"

연예인 기사에 베플 봐라!

하여간 방 구석에서 맨날 악플이나 쳐 달고…

하지만 그건 군주도 마찬가지입니다.

"야 이 XXX XX야 가서 거울이나 봐."

타각타각타각

법률의 구속으로부터 풀려난 군주는 오히려 더 경솔하고 배은망덕하며

민중보다 더 큰 욕망으로 인해 과오를 저지르기 쉽습니다.

삐-뽀
삐-뽀

GTA 군주

민중은 군주보다 더 신중하고 우월한 판단력을 갖고 있습니다.

그럼 네가 군주 하든가.

폐… 폐하 전 아무 말도…

그래서 로마와 아테네가 그랬듯, 민중이 권력을 장악한 도시는 빠르게 성장합니다.

대중의 병폐를 치유하는 데는 말로 충분하지만

군주의 병폐에는 칼이 필요합니다.

메디치가에 쌓인 게 많으셨나?

화르르

자, 잠시 쉬었다가 합시다.

뭐 마실래?

보리차요

어이, 신입생.

워… 원하는 게 뭐냐?

메… 메디치가 유력자를 암살한다고?!

그래.

그러려면 강한 녀석들이 필요해.

네 옆의 선글라스 같은…

몰라요. 저흰 아무것도 몰라요.

겁쟁이였어?!

아무튼… 천천히 생각해 봐.

과격파들 이군요.

실제로 실행에 옮기려 할 겁니다.

뭐야 갑자기 쎈 척은

그리곤 사전에 발각되어 죽임을 당하게 됩니다.

뭐, 진짜?!

쿠궁

1522년 5월 루첼라이 정원 모임의
몇몇 청년들이

메디치가의 줄리오 데 메디치 추기경을
암살할 계획을 세우다가

발각되어 붙잡히고 맙니다.

이 컷 너무
울궈먹네

아까 봤던 디아체토란 청년 외 한 명은 처형
당하고, 나머지는 재산 몰수형을 선고받았죠.

쳇

루첼라이 모임도 당연히 폐쇄되었습니다.

그럼 마선생님은?

또 투옥되시는
건가?

마선생님에게까지
불똥이 튀진 않았습니다.

마선생은 혐의가 없는 것으로 인정되었습니다.

저는 아무 관련이 없습니다.

하지만 청년들에게 공화국의 이상을 불어 넣었던 마선생에게

책임이 없다고는 할 수 없을 것입니다.

덜덜

자, 수업 들어가시죠.

마선생이 공화주의를 강의하고

학생들은 민주주의를 꿈꾼다니.

노량진 마선생 이미지

노량진 수업과는 너무 다른걸.

이 차이를 어떻게 해석해야 하는 거지?

세 번째는 제가 군주국을 공화국으로 가기 위한 전 단계로 보고 있었다는 견해입니다.

《로마사 논고》에 따르면, 군주가 그렇듯 국민도 부패할 수 있습니다.

국민이 부패한 상태에서는 잘 계획된 법도 효과가 없습니다.

이 때 필요한 것이 제왕적 권력입니다.

야, 다 집어치워.

부패한 국민을 개혁하기 위해선 고결한 이상을 가지면서도

폭력을 사용할 줄 아는 군주가 필요합니다.

네가 더 나빠

사이다!

퍽

퍽

이러한 《로마사 논고》의 내용을 근거로

제가 군주제를 공화국으로 가는 준비 단계로 보았다는 해석이 있습니다.

그러니까…
그 세 해석 중 어느 것이 정답인가요?

노 코멘트하겠습니다.

오늘 수업 끝!

예에?!

아~ 많은 걸 느끼고 배운 수업이었어.

다행이군요.

응? 웬 줄이 저렇게 길어?

아이폰 새로 나왔나?

어?! 〈만드라골라〉?

저거 대학로에서도 종종 하는 연극인데!

만드라골라

4. 2 오후 6시

맞습니다. 바로 마키아벨리가 쓴 희곡이죠.

뭐?!

우리 시대(?)에 마키아벨리는 《군주론》의 저자로 알려져 있지만

사실 그는 당대에 희곡작가로 더 큰 명성을 날렸습니다.

《군주론》이 메디치가에 의해 외면당한 후…

여어~ 만화가 친구!

마형!

마형, 저기…

나 이것 좀 한 번 봐줘.

뭔데?

새 만화 스토리야. 출판사에 제안해보려고.

읽고 어떤지 좀 봐줘.

허허, 내가 뭐 볼 줄 알아야지.

나도 스토리 작가가 될 수 있겠다!

내가 발로 써도 이것보다는…

?

어떤 일(?)을 계기로 마키아벨리는 희곡에 몰두했고

목표
웹툰 스토리 작가

희곡 작가도 좋음

<만드라골라>, <클리치아> 등 여러 편의 희곡과 중편소설을 발표해 성공을 거두었습니다.

작가님 팬이에요!

흑흑

특히 사기꾼의 불륜 행각을 다룬 〈만드라골라〉는 그가 쓴 작품 중 가장 잘 알려진 희곡으로

당시 교황도 이 작품을 무척 좋아했다고 합니다.

베네치아에서 공연이 되었을 땐 관객이 너무 흥분해서 공연이 중단되었을 정도라고 하죠.

와

삑! 삑!

???

와

아항~ 그래서 저렇게 줄이 긴 거구나.

뭐야, 퇴직 후 학원 강사로 그냥저냥 지내신 줄 알았는데

오히려 더 잘 나가셨구만.

나만 잘 나가면 돼

어?

파지지직

슈슈슉

시간이 다 된 모양이군요.

뭐야 뭐야!

슈우웅

여긴… 다시 현재?

엇!

《로마사 논고》 수업 내용을 제외하고 다른 기억들은 지웠습니다.

전 2100년의 미래에서 왔어요.

저를 만드신 박사님은 어릴 때부터 《삼국지》를 무척 좋아하셨는데

《군주론》 수업을 듣고 난 후 잔혹한 군주로
변하는 유비의 모습에 늘 불만이 많으셨습니다.

어리숙할 때가
더 좋았는데

그래서 저를 과거로 보내 당신이 《로마사 논고》
수업을 듣게 하는 계획을 짰습니다.

부탁한다

당신이 좀더 민중의 선한 판단력의 힘을 믿는
군주가 되도록 말이죠.

지금은 많이 힘들고
괴롭겠지만

언젠가는 중원의
영웅이 될 거예요.

짧은 여행
즐거웠습니다.

안녕.

파지직

슈슈슉

응?

터미네이터는 다시 시간 여행을 떠났습니다.

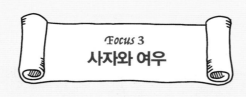

Focus 3
사자와 여우

.
.

> "그렇다면 군주는 짐승의 특성을 이용하는 방법을 잘 알고 있어야 하는데,
> 이때 짐승들 중에서도 여우와 사자를 선택해야 한다.
> 왜냐하면 사자는 덫으로부터 자신을 지키지 못하고,
> 여우는 늑대들로부터 자신을 지키지 못하기 때문이다."•

《군주론》18장에서 마키아벨리는 군주가 갖춰야 할 능력을 여우와 사자의 비유를 통해 압축하여 표현합니다. 마키아벨리에 따르면 인간은 법으로 싸우는 것이 적합하다고는 하나 그것만으로는 충분하지 않기 때문에 짐승의 특성을 사용할 수 있어야 하며, 그중에서도 여우와 사자의 특성을 배워야 합니다.

여우와 사자의 비유는 마키아벨리의 독창적인 발상이라기보다는 당시 정치 철학의 고전이었던 키케로의 《의무론》에 있는 "속임수는 교활한 여우나 할 것이고 물리적 힘은 사자에게나 어울릴 것이다 (…) 이 중 속임수가 더 경멸스럽다"•• 라는 구절에

• 니콜로 마키아벨리, 김종원 옮김, 《군주론》, 위즈덤하우스, 2017, 141쪽.
•• 모리치오 비롤리, 김동규 옮김, 《HOW TO READ 마키아벨리》, 웅진지식하우스, 2014, 61~62쪽.

알프스를 넘는 한니발
마키아벨리는 한니발이 강력한 군대를 이끌 수 있었던 것은
자애로움이 아니라 그의 비르투(자질)와 잔인함 덕분이었다고 설명한다.

대한 반박으로 나온 것입니다. 키케로는 사적 · 공적 영역 모두에서 사람의 마음을 움직이는 가장 강력한 동기는 사랑이고, 공포는 무기력하다고 주장했으며, 이는 기독교적 세계관과 결부되어 마키아벨리 당시 정치 철학의 통념으로 자리 잡았습니다.

마키아벨리는 그러한 고전적 관념을 거부하고 군주가 오히려 사자처럼 강력하고 두려운 존재가 되어야 한다고 반박합니다. 마키아벨리에 따르면 군주는 사랑받는 것보다 오히려 두려움이 대상이 되는 것이 더 나은데, 이는 사람들이 사랑하는 사람에게는 쉽게 해를 가하지만, 두려워하는 사람에게 해를 가하는 것은 주저하기 때문입니다(《군주론》17장).

인간은 자신의 이익을 챙길 수 있는 기회가 생기면 사람을 쉽게 배신하지만, 두려워하는 사람의 처벌에 대한 공포는 쉽게 극복하지 못합니다. 이것을 증명하는 한 예로 카르타고의 한니발Hannibal을 들 수 있는데, 마키아벨리는 그가 어떠한 상황에서도 병사들의 존경을 잃지 않고 강력한 군대를 이끌 수 있었던 것은 그의 비르투(자질)와 '잔인함' 덕분이었다고 설명합니다.

《군주론》18장이 말하는 군주가 갖춰야 할 또 하나의 특성은 여우의 특성입니다. 군주가 여우와 같아야 한다는 것은 신의를 지키는 일이 자신에게 불리하게 변할 때 신의를 지키지 않는 것을 말합니다. 마키아벨리는 세상 사람들이 모두 선하다면 이 지침은 옳지 않겠지만, 사람들은 비열하고 신의를 지키지 않기 때문에 군주도 그들에게 신의를 지켜서는 안 된다고 당부합니다. 그런 과정에서 오명을 얻게 되더라도 그것에 너무 신경을 쓸 필요는 없습니다. 도덕적으로 올바른 일이 군주를 파멸로 이끌고, 도덕적으로 올바르지 않은 일이 안전과 번영을 가져다주는 일이 자주 있기 때문입니다(《군주론》15장).

그럼에도 군주는 악덕으로 인해 오명을 얻는 것에 조심해야 하는데, 그것이 지위를 앗아갈 수도 있기 때문입니다. 그래서 마키아벨리는 평소 군주가 여우와 같이 자신의 특성을 숨길 수 있어야 한다고 주장합니다. 즉, 실제로 신의가 있고, 정직하고, 신앙심이 깊은 것보다는 그렇게 보이는 것이 중요하고, 실제 그렇다고 하더라도 상황에 따라서 그 반대로 변할 수 있어야 한다고 말합니다. 마키아벨리에 따르면, 사람들은 어차피 겉모습과 결과만을 보기 때문에, 군주로서 긍정적인 자질을 갖춘 것처럼 보여주고 국가에 도움이 되는 결과를 내놓기만 한다면 군주는 안전하게 권력을 유지할 수 있습니다.

이렇게 《군주론》18장의 사자와 여우의 비유는 군주가 갖춰야 할 자질과 능력을 효과적으로 전달합니다. 그것은 당시 보편적으로 받아들여졌던 키케로의 이상주의 정치 철학에 대한 반박이었으며, '인간이 어떻게 살아야 하는가'보다는 '인간이 실제 어떻게 살아가는가'에 주목한 솔직하고 현실적인 조언이었습니다.

4교시

그렇게 훌륭한
군주가 된다

경멸과 미움을 피하는 방법

피렌체 공직생활을 접은 지 8년.

공직 복귀의 꿈은 잊은 지 오래였죠.

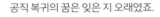

40대 후반부터 저는 희곡과 소설 쓰기에
몰두했어요.

네, 맞습니다.
〈만드라골라〉예요.

내가 어떻게
아는 거지?

어떻게
알았지?

그러던 어느날

삐릴릴리!

네, 니콜로 마키아벨리입니다.

추… 추기경님?!

쿵

당시 피렌체의 새 통치자 줄리오 데 메디치
추기경으로부터 연락이 왔습니다.

줄리오 데 메디치
(1478~1534)

지난 8년간 외면해왔던 메디치가가

다시 저를 기용하려는 것이었을까요?

메디치 추기경이 제게 연락한 것은

'피렌체 역사'의 집필을 의뢰하기 위해서
였습니다.

그리 많은 보수는 아니었습니다만

(당연히) 저는 제안을 수락했습니다.

나이 오십부터 제 삶은 서서히 방향을
바꾸기 시작했습니다.

네, 마키아벨리
입니다.

네? 소데리니…

피에로
소데리니 님?

교황 율리우스 2세에 의해 축출된 피렌체의
전 곤팔로니에레(대통령)!

149쪽
참조!

9년 만의 만남이었습니다.

니콜로!

여기!

이게 얼마만인가!

소데리니 님!

어쩐 일로 이렇게 연락을…?

자네에겐 늘 마음의 빚이 있네.

내 어리석음 때문에 자네가 공직에서 쫓겨났지.

별말씀을요.

그래서 말인데,

좋은 자리를 하나 알선해주고 싶네.

쿵

!

'라구사 공화국'의 서기관 자리야.

아름다운 아드리아 해안에 위치한 라구사 공화국의 서기관!

피렌체 서기관 시절에 비견되는 봉급과 지위였습니다.

내가 힘 좀 썼네.

어떤가?

감사합니다. 하지만 사양하겠습니다.

좋은 제안이었지만 당분간 피렌체사 집필에만 열중하기로 했습니다.

희곡, 소설, 술 모두 다 그만두었죠.

마형 요새 안 오네…

메디치가에 잘 보여 권세를 누리려는 마음 때문은 아니었습니다.

젊었을 적 체사레 보르자의 먹구름이 피렌체에 드리워졌듯이

새로운 위협이 피렌체뿐 아니라 이탈리아 전체를 향해 다가오고 있었습니다.

젊었을 때 오지

바로 신성로마제국의 황제 카를 5세였죠.

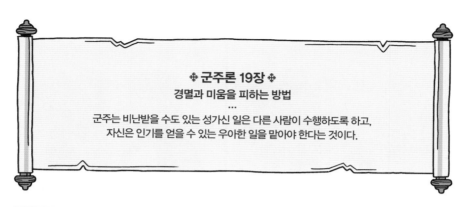

❖ 군주론 19장 ❖
경멸과 미움을 피하는 방법
...
군주는 비난받을 수도 있는 성가신 일은 다른 사람이 수행하도록 하고,
자신은 인기를 얻을 수 있는 우아한 일을 맡아야 한다는 것이다.

군주는 경솔하고 결단력이 없다고
여겨지면 경멸을 당합니다.

왜 날 보는데?

따라서 군주는 기백과 의연함이 드러나도록
노력해야 하며

누구도 자신에게 술수를 부리는 것은
꿈도 꿀 수 없다는 평판을 가져야 합니다.

우리 형님은
많이 노력해야겠네.

야, 너
자꾸…

군주는 늘 내부에서 비밀리에 꾸며지는
음모를 경계해야 합니다.

음모를 꾸미는 사람은 군주를 죽이면

백성들이 기뻐할 거라고 믿기 때문에
음모를 꾸밉니다.

우리의 영웅!

와

와

하지만 반대로 그것이 백성들을 적으로
만들 것이라는 사실이 분명하다면

저놈 잡아라!

그는 음모를 꾸밀 용기를 낼 수 없을 것입니다.

그냥
착실하게
살자

그래서 군주는 늘 민중의 호의를 얻도록
노력해야 합니다.

프랑스의 필리프 4세를 예로 들어보겠습니다.

필리프 4세
(1268~1314)

프랑스에선 귀족과 평민의 갈등이
극심했습니다.

옥신
각신

어느 쪽도 적으로 만들고 싶지 않았던 왕은

폐하, 누가 옳습니까?

제3의 심판 기관(파리고등법원)을
설립했습니다.

난 잘 모르니까
법원이 잘 좀
해결해주라.

이로써 왕은 비난을 피하면서 효과적으로
국정을 운영할 수 있었습니다.

옥신각신

이렇게 비난받을 일은 남에게 넘기고

평민측 주장이
옳습니다.
야! 판사 너
죽을래?

자신은 인기를 얻을 수 있는 일을 맡는다면

화 풀어

민중의 마음을 얻는 데 한 발 더 다가설 것입니다.

그런 말을 참 해맑게 하시네요.

'비난받을 일은 남에게 넘겨라.'

지금 우리가 힘든 시기를 보내는 건…

다 너희들이 부족한 탓이다.

화광

그건 그냥 남탓이고!

분발해

뭔가 잘못 이해한 유비였다.

적이었던 사람도 쓸모가 있다

이제 정치엔 신경 끄고 마누라 호강시켜줄 궁리 좀 하지?

으응…

그래, 무슨 부귀영화를 보겠다고…

이만하면 됐지.

애들 방학하면 다 같이 지중해 여행이나 가볼까?

아버지! 아버지!

웬 호들갑이냐?

메디치 추기경님이…

교황으로 선출되셨대요!

쿵

1523년, 마키아벨리에게 피렌체사 집필을 의뢰했던 메디치 추기경이

교황으로 선출되어 클레멘스 7세가 되었다.

겨우 내려놨는데 이런 일이…

우리한테 좋은 거 아네요?

두두두두두두

?!

휘잉

마키아벨리 님, 교황님이 찾으십니다.

슈우우우

전개가 왜 이렇게 빨라!

셋째야, 아버진 잠시 로마에 다녀오마.

우와 아버지 짱!

엄마 말씀 잘 듣고

학원 빼먹지 말고

현재 유럽은 신성로마제국의 카를 5세와
프랑스의 프랑수아 1세 간의 세력 다툼으로

교황인 나는 둘 사이에서 선택을 해야 했고

고민 끝에 프랑스의 손을 잡았어.

문제는

프랑스의 군대가 맥을 못 추고
있다는 것이지.

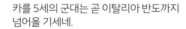

카를 5세의 군대는 곧 이탈리아 반도까지
넘어올 기세네.

238

그래서…

마키아벨리
자네가 필요해.

자네의 지혜를
빌려주게.

공직에 복귀하고자 간절히 바랐으나
이루지 못하고

희곡, 소설 작가, 학원 강사(?)로
새로운 삶을 살았던 마키아벨리가

13년 만에 다시금 공무원 정복을 입었다.

1526년, 그의 나이 57세였다.

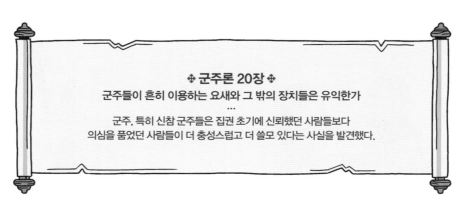

❖ 군주론 20장 ❖
군주들이 흔히 이용하는 요새와 그 밖의 장치들은 유익한가
...
군주, 특히 신참 군주들은 집권 초기에 신뢰했던 사람들보다
의심을 품었던 사람들이 더 충성스럽고 더 쓸모 있다는 사실을 발견했다.

자신에게 닥친 곤경과 저항을 극복할 때

그 군주는 위대한 인물로 거듭납니다.

그래서 포르투나(운명)는 어떤 군주를
위대하게 만들기 원할 때

나는야 난세의
영웅!

그 어떤 적도
두렵지 않다!

호오...
과연?

적들을 출현시켜 그를 공격하게 합니다.

공과금 고지서

이런 적은
싫어!

저런 게
진짜 적이다.

카드값 청구서

그리하여 그는 그 적들을 물리치고 더 높이 올라갈 기회를 얻게 됩니다.

4,500원입니다.

돈 벌자

《맹자》에도 '하늘이 어떤 사람에게 큰 임무를 맡길 땐 반드시 역경과 시련을 주어 시험한다'는 구절이 있지요.

오오! 맞아!

다음은 신생 군주가 명심해야 할 사항들입니다.

그… 그럼 표절?

설마요

다른 영토를 정복한 신생 군주는

이제 내 땅!

이전 정부에 불만을 품어 당신에게 협력했던 사람과

축하드립니다. 폐하.

신호할 때 성문 열겠습니다.

전 정부에 만족했기 때문에 당신에게 적대적이었던 사람을 보게 됩니다.

하… 항복!

추… 축하드립니다!

둘 중 어느 쪽이 당신에게 유용할까요?

에?! 당연히 저에게 협력했던 사람이…

땡!

당신에게 적대적이었던 사람이 더 유용합니다.

왜요?!

그들은 새 군주가 자신에게 가진 나쁜 인상을 불식시키고자 하기 때문에

새 군주님 한정판 굿즈!

그래, 이거야!

구매 완료!

다른 사람들보다 더 충성스럽게 새 군주를 섬기지 않을 수 없습니다.

그래서 이들을 친구로 만드는 것은

하하, 자네 내 팬이었구만.

말을 하지 그랬어.

폐, 폐하…

매우 쉽습니다.

덕질은 보상받는다!

해를 끼치리라 생각한 사람이 잘 대해주면 더 크게 감사하기 마련이지 《군주론》9장).

물론 이것은 일반화해서 말하긴 힘듭니다.

따라서 상황을 잘 보고 스스로 판단하시길 바랍니다.

그냥 둘 다 조심해야겠다

❖ 군주론 21장 ❖
군주는 존경받기 위해서 무엇을 해야 하는가
…
군주는 또한 능력 있는 사람들을 인정하고 이러저러한 직능에 뛰어난 사람들에게 명예를 부여함으로써, 자신이 재능을 사랑하는 사람이라는 것을 보여주어야 한다.

군주는 능력 있는 사람들을 인정하고 명예를 부여함으로써

만화 그릴 때 한쪽 눈으로는 원고를 보고

다른 눈으론 게임 방송을 봅니다.

호오 신기한지고

자신이 재능을 사랑하는 사람이라는 것을 보여주어야 합니다.

또 어떤 방식으로든 국가를 강화할 아이디어를
갖고 있는 사람들에게 보상을 제공하여

페타이어를
재활용한 신발
입니다.

장애인들을
고용해 쿠키를
구워요.

그들의 의욕을 고취해야 합니다.

진짜 능력자들!

이러한 일들을 통해 군주는 존경을 받고
위엄을 유지할 수 있습니다.

군주에게 위엄은
절대로 약화시켜선
안 되는 것입니다.

··· 라고 《군주론》에
써 있음!

자, 오늘은
여기까지 합시다.

피렌체학원

휴~ 이제 슬슬
체력이 달리네.

눈인가!

유럽의 강자로 떠오른 신성로마제국의 카를 5세

그에 대항해 프랑스, 피렌체, 로마, 베네치아는 '코냑 동맹'을 결성했다(1526년).

취권이다!

이름 희한하네

하지만 카를 5세는 프랑스를 간단히 제압하고

이탈리아 북부까지 내려와 군사 공격을 준비하고 있었다.

로마 북쪽의 오르비에토.

현재 상황.

보고하라.

사도… 아니 적군이 알프스 산맥을 넘었습니다!

적은 강하다.

하지만 알프스 산맥을 넘은 지금은 지쳐 있을 터!

AT 필드?!

지금이 공격할 기회야.

전군 공!…

… 격을 교황님께 건의드려야겠다.

싫어. 무서워.

교황님, 그게 무슨…

그냥 잘못했다고 빌자, 니콜로.

겁 많고 우유부단한 교황은 적과 싸우기보단 흥정으로 달랠 궁리만 할 뿐이었다.

돈을 준다고 하면 물러나지 않을까?

영토를 줄까?

결국 교황은 카를 5세에게 거액을 지급하고 영토까지 양도하여 휴전을 합의했다.

동맹국들의 의사는 묻지도 않은 교황의
단독 협정이었다.

저 인간 자기만
살겠다고!···

나도 얼른
짐 쌀까?

이로 인해 동맹의 단결력도 크게 약화되었다.

13년 만에 피렌체의 군사 담당 서기관이 된
마키아벨리가 할 수 있는 일은 많지 않았다.

패배를 예감한 그는 셋째 아들 귀도에게
편지를 썼다.

"귀도야"

"마리에타 여사(아내)에게 안부 전해다오."

"지금도 이곳을 떠나 피렌체로 돌아가고
싶구나."

"네 엄마가 듣고 기운이 날 만한 말만 해다오."

"바치나, 피에로, 토토에게 뽀뽀해주어라."

마키아벨리 자녀에 대한 기록은 너무 적어서

저희는 이 정도 까지만 출연 할게요~

"모두에게 신의 가호가 있기를."

1527년 5월 서서히 피렌체 근처에 접근한 신성로마제국 군대는

슬금슬금

모두의 예상을 깨고 갑자기 로마로 공격 목표를 바꾸었다.

!

꺅!

무방비에 가까웠던 로마는 별다른 저항도 하지 못하고 점령되었다.

아, 얼른 나와요.

이른바 '로마 대함락' 사건이었다.

또 눈이
오는군요.

제 고향 피렌체는
겨울에도 영상인
곳이어서

전 아직까지
눈을 보는 게
신기하답니다.

고향 피렌체로
돌아가는 일이
생기더라도

열정적으로 강의를 듣는
여러분들의 모습.

장비야 이럴 땐
좀 일어나라

그리고 창밖으로 눈 내리는
풍경은 잊지 못할 것입니다.

자, 이제 《군주론》 수업도
거의 끝에 다 왔습니다.

21장을
보시죠.

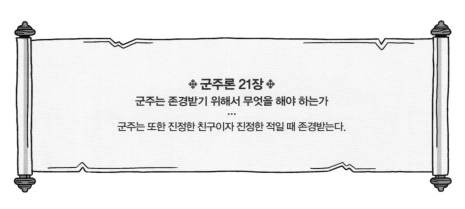

군주는 진정한 친구이거나

진정한 적일 때 존경받고 유리합니다.

황충

즉, 어떤 경우든 입장을 분명히 하는 것이 더 유리합니다.

제 투구를 쏘아 맞춘 사람은 당신이 처음이에요.

왜… 왜 이러세요.

인접한 곳에서 두 세력이 싸우고 있는데 당신이 우왕좌왕한다면

우왕

좌왕

어느쪽이 이기든 승자의 먹잇감으로
전락하고 맙니다.

동맹이라
해 놓고

왜냐하면 승자는 어려운 시기에 도와주지 않은
미심쩍은 친구를 원하지 않기 때문입니다.

자… 작가님,
한 번만 다시 갈게요!

한 번만!

어느 한쪽을 지지한다고 당당히 입장을
표명한다면

시간을
되돌려서…

나는
프랑스 편!

비록 당신이 지지한 쪽이 패배할지라도

아까랑
다르잖아!

퍽
퍽

저게 원래
역사예요.

그는 당신을 친구로 받아들일 것이고, 할 수
있는 한 당신을 도울 것입니다.

가… 같이
싸웁시다.

별로 도움
안 될 것 같은데

그리하여 당신은 포르투나(행운)의 동반자를
얻을 것입니다.

이긴다는 얘긴
아니네요.

고생했어

군주의 지혜를 가늠하려면 그 주변의
사람들을 보면 됩니다.

좌 장비
우 관우!

자룡도
있어요

그들이 유능하고 충성스럽다면 사람들은
군주를 현명하다고 생각할 것입니다.

형님은 좀
예외 아니우?

뭐?

그러나 그들이 유능하지 못하다면 사람들이
군주를 낮게 평가할 것입니다.

그냥 군주만
봐도···

그러므로 신하를 뽑을 땐
신중해야 합니다.

그러니까 어떻게
신중하게 하냐고요

254

언제나 자신의 군주를 생각하고

군주와 관계 없는 일에 관심을 쏟는 일이
없는 사람을 뽑아야 합니다.

신하가 그렇게 하도록 돕는 일도 중요합니다.

그에게 부와 명예를 충분히 주고

당신의 명예와 부담을 그와 공유해야 합니다.

그러면 군주 없이 홀로 설 수 없다는 것을 알게
될 것이며, 맡고 있는 수많은 책임 때문에

아첨꾼은 반드시 피해야 할 악성 전염병입니다.

당신을 아첨으로부터 보호하려면 누가 당신에게 진실을 말하더라도

당신이 화내지 않는다는 것을 사람들에게 이해시켜야 합니다.

이는 모든 사람이 진실을 말할 수 있게 함으로써 당신의 위엄을 손상시킬 위험이 있습니다.

그러므로 군주는 현명한 사람들을 뽑아

그들에게만 진실을 말할 자유를 허용하되,

이 셔츠 어때?

어차피 아무도 신경 안 쓸테니 아무거나 입으십쇼.

젠장.

묻는 것에만 말하게 하고 다른 것에 대해서는 말하지 못하게 해야 합니다.

오늘 날씨는?

좋습니다.

AI스피커?!

주가는?

20포인트 상승했습니다.

요청하지도 않았는데 조언하려고 하는 사람이 있다면

폐하, 얼른 장가 가셔야죠.

에휴, 애는 언제 낳으시려고…

취업은 언제… 이건 아닌가?

못 하게 막아야 합니다.

너나 잘하세요

결국 결정을 내리는 것은 당신입니다. 조언을 들은 후 당신의 기준에 따라 결정해야 합니다.

문화·콘텐츠 관련 주식 사셔야 합니다.

아닙니다. IT 관련주가 대세입니다.

한 번 결정한 것은 밀고 나가야 하며, 결심은 흔들림 없이 확고해야 합니다.

문화·콘텐츠, IT에 6대 4로 분산 투자하고

미국 연준 움직임 실시간 보고하라!

이와 다른 방식으로 처신하는 군주는

폐하만 알고 계십쇼. 이번에 XX사 주식이 대박…

그래?! 땡큐!

가즈아!

적금 깨서 XX사에 몰빵!

아첨꾼들로 인해 몰락하거나, 남의 의견에 끌려다님으로써 존경받지 못할 것입니다.

가즈아···

Homeless
Please Help

자, 이로써 《군주론》 23장을 마치고

이제 마지막 세 장만이 남았습니다.

피 렌 체 학 원

마지막 세 장은 다음 시간에 다루도록 하겠습니다.

장비야 일어나

유비님.

운명의 절반은 우리가 결정할 수 있다

로마 대함락 소식이 전해지자

피렌체 시민들의 반(反) 메디치 감정이 폭발했다.

이탈리아 혼란의 원흉!

메디치가 물러가라!

결국 메디치가는 피렌체를 떠나야 했고

아파트 재건축 확정됐는데

피렌체는 다시금 공화국을 회복했다.

기표소

한편 주군(교황)을 잃은 마키아벨리는

로마 대함락

모든 것을 정리하고 고향 피렌체로 향했다.

평생을 조국 피렌체를 위해 일했으나

귀향한 그에게 돌아온 것은

다들 무사하구나

'메디치가의 협력자'라는 비난이었다.

메디치가의
멍멍이!

우-

우-

《군주론》도
메디치가 보라고
썼다며?

새 공화국 정부는 마키아벨리를 재임용하지
않았고

새 술은
새 부대에!

그는 다시 평범한 일상으로 돌아갔다.

적어도 혼란 속에서 가족들이 무사한 것에
감사했다.

"이제 분명히 알았네."

"세상을 즐겁게 하는 모든 것이"

"한바탕 짧은 꿈일 뿐이라는 것을."

마키아벨리가 말년에 쓴 《참회 권유》 중에서

형님, 들어가도 되겠습니까?

어, 들어와.

라면 한 그릇 하시죠.

라면은 밤에 먹어야 제맛!

어, 《군주론》 아니우?

응. 잠이 안 와서 읽고 있었어.

내 건 노량진 떠날 때 잃어버렸는데.

어느 장을 읽고 계셨습니까?

25장.

수업을 하지 못한 장이지.

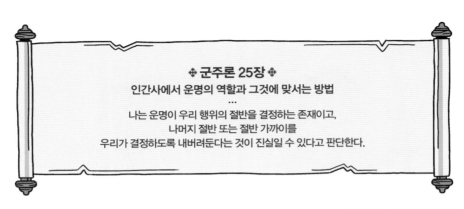

✤ 군주론 25장 ✤
인간사에서 운명의 역할과 그것에 맞서는 방법
...
나는 운명이 우리 행위의 절반을 결정하는 존재이고,
나머지 절반 또는 절반 가까이를
우리가 결정하도록 내버려둔다는 것이 진실일 수 있다고 판단한다.

나는 포르투나(운명)를 성난 강물에
비유하고자 합니다.

홍수가 나면 강물은 나무와 건물을 쓰러뜨리고
모두가 그 힘에 굴복합니다.

이와 마찬가지로 세상사는 포르투나와
신에 의해 다스려져

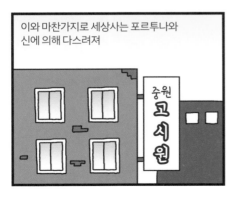

인간은 아무 일도 할 수 없다고들 합니다.

264

하지만 강물의 특성이 그와 같더라도 날씨가 좋을 때 제방과 둑을 쌓아서

강물의 힘에 대비하지 못하는 것은 아닙니다.

강물은 둑과 제방을 쌓지 않은 곳을 발견하면 그곳으로 자신의 힘을 쏟아 붓습니다.

그러므로 우리가 비르투(역량, 능력)를 갖춰 포르투나의 홍수에 맞선다면

운명의 절반은 우리가 결정할 수 있다고 믿습니다.

초… 초선 씨!

아니, 초선 장군!

다들 잠 안 자고 이 시간에 뭐 하는 거예요?

초 장군도 한 젓가락!

큰일을 앞두고 있으니 잠이 안 와서요.

예전 책을 좀 읽고 있었어요.

《군주론》… 옛날 생각나네요.

그날 마선생님이 수업에 오지 않으셔서 모두 의아해했죠.

시간 됐는데 왜 안 오시지?

마선생님이 어디 가셨는지 누구도 알지 못했어요.

말 그대로 사라져 버린 것이죠.

귀찮으니까 그냥 튄 거지 뭐.

그런 말하지 말아라.

우리가 여기까지 올 수 있었던 건 다 선생님의 가르침 덕이야.

선생님께서 그러셨어. 내겐 체사레 보르자가 갖지 못한 포르투나(행운)가 있다고.

하지만… 비르투(능력, 역량)가 부족한 내게 포르투나(운명)가 언제 돌변할지 걱정이야.

형님, 그런 말씀 마십시오.

저희가 옆에 있다는 것이 이미 유비님의 비르투를 증명하고 있어요.

그리고 무엇보다 우리에겐 그가 있잖아요?

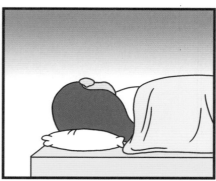

제갈량 말이에요.

자신의 비르투를 믿어야 한다

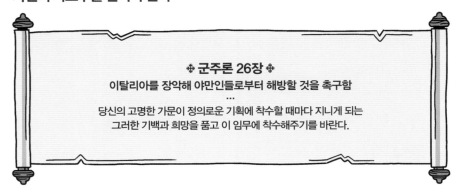

❖ 군주론 26장 ❖
이탈리아를 장악해 야만인들로부터 해방할 것을 촉구함
…
당신의 고명한 가문이 정의로운 기획에 착수할 때마다 지니게 되는
그러한 기백과 희망을 품고 이 임무에 착수해주기를 바란다.

이탈리아에서는 여러 국가들이 흥망성쇠를 거듭해 왔습니다.

그 역사 속에서 국가를 잃은 통치자들은 모두 공통된 결점을 갖고 있습니다.

저 사람 예전에 왕이었대

그들은 자신의 군대를 갖지 못했거나

뭔 소리야. 내가 병력이 얼마나 많은데.

게임 속 군대 말고요, 전하.

평민이나 귀족을 자기편으로 확보하는 법을 알지 못했습니다.

무능력한 지도자 물러가라!

겜방 보는 중인데

그러므로 국가를 상실한 군주들은 포르투나(운)를 탓할 것이 아니라 나태함을 탓해야 합니다.

그들은 평온한 시기에 어떤 변화가 일어날 수 있다는 생각을 전혀 하지 않고 있다가

어려운 시기가 닥치자 누가 자신을 일으켜 세워주리라 기대했습니다.

그런 일은 일어나지 않으며,

일어난다고 해도, 그것은 당사자의 안전에 이롭지 않습니다.

유일하게 믿을 만하고 확실한 방어책은 당신 자신과 자신의 비르투(역량)뿐입니다.

따각따각따각

유일하게 믿을 만하고 확실한 방어책은 당신 자신과 자신의 비르투뿐입니다.

따각따각따각

마형. 차오!

어, 차오.

《군주론》 잘 되어 가?

거의 다 와 가는데 마무리를 어떻게 지어야 할지 모르겠네.

어휴, 나도 내 만화 마무리가 걱정이야.

무슨 만화인데?

아 그게, 피렌체에서 살던 주인공이 과거 중국으로 타임슬립해서 자기 책 내용을 강의하는데…

대박 예감!

뭐야 그게.

아, 내 말은 그러니까 메디치가 마형을 등용해야 한다는…

우리 아버지는…

응?

특정한 직업이 없으셨어.

그때 그때 남의 일을 돕고 수고비를 받곤 하셨지.

마형…

그러다보니 집에 빚도 많았어.

그래도 아버진 내 교육을 위해선 돈을 아끼지 않으셨네.

가난한 우리 집엔 어울리지 않게 고전들이 가득했지.

대학시절은 평범했고

D-10

졸업 후 공무원이 되었어.

결혼은 32세에 했는데, 당시로서는 많이 늦은 거였어. 모은 돈이 워낙 없었거든.

그래도 어찌어찌 하다보니 벌써 나이는 사십 중반에 아이가 다섯이고

다섯째 웰컴!

공직에서 쫓겨나긴 했지만 그럭저럭 먹고 살고 있네.

피렌체에서

그 세월을 다 보냈어.

메디치가든 공화정이든 중요하지 않네.

피렌체를 위해 내가 할 수 있는 일은
다 하고 싶어.

"나는 내 조국을 내 영혼보다 사랑하네."*

*마키아벨리가 친구 베토리에게 쓴 편지 중에서(1527년)

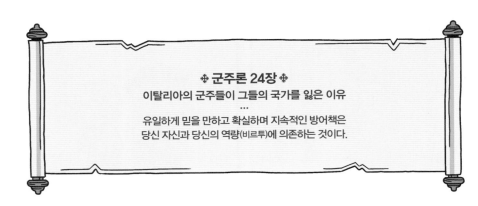

✠ 군주론 24장 ✠
이탈리아의 군주들이 그들의 국가를 잃은 이유
...
유일하게 믿을 만하고 확실하며 지속적인 방어책은
당신 자신과 당신의 역량(비르투)에 의존하는 것이다.

이탈리아인들은 히브리인들보다
더 노예화되고

아테네인들보다 더 분열되어 있습니다.

그들은 짓밟히고 약탈당하고 황폐화된 채, 온갖
종류의 파멸을 겪고 있습니다.

하지만 이스라엘 백성이 이집트에서 노예로
잡혀 있었기에 모세의 능력이 드러났듯이,

이탈리아를 대표할 인물의 비르투(역량)가
드러나기 위해선

이탈리아가 현재 상태로
추락할 필요가 있었습니다.

얼마 전 한 사람에게서 한 줄기 빛이 번쩍였고 사람들은 그를 구원자라 생각하기도 했습니다.

하지만 그는 절정기에 포르투나(운명)의 버림을 받고 말았습니다.

그래서 이탈리아는 활기를 잃은 채, 상처를 치유해줄 누군가를 기다리고 있습니다.

지금 이탈리아가 희망을 걸 수 있는 데는 당신의 고명한 가문 말고는 없습니다.

당신의 가문은 포르투나와 비르투를 갖고 있어 구원자로 나설 만한 위치에 있습니다.

신께서 당신과 함께하고 계십니다. 나머지 일은 자유의지를 가진 당신이 해야 합니다.

자유의지로 그냥 집에 있으면 안 될까?

피곤한데

고통받아 온 사람들로부터 당신이 받게 될 사랑이 얼마나 클지 말로 표현할 수 없습니다.

당신이 기백과 희망을 품고 이 사명을 맡아주길 바랍니다.

안 갈 수도 없고 참···

당신의 기치 아래서 우리 조국은 고귀해질 것입니다.

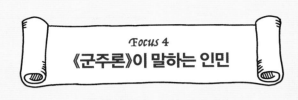

:
:

군주는 결국 인민을 통치하는 사람이라는 점에서, 인민은 동·서양을 막론하고 군주가 가장 신경 써야 할 대상이었습니다. 《맹자》의 경우 백성이 가장 귀중하고, 백성에게 지지를 얻는 사람은 천자天子가 된다는 말로 인민의 중요성을 강조했습니다(《맹자》〈진심장구·하〉, 14장). 그렇다면 《군주론》은 인민을 어떻게 묘사하며, 인민과 관련하여 군주에게 무엇을 당부할까요?

인간이 '어떻게 살아야 하는가'보다 '실제 어떻게 살고 있는가'를 더 비중 있게 다룬 만큼, 《군주론》이 인민을 보는 시각은 솔직하고 현실적입니다. 《군주론》에 따르면 사람들은 배은망덕하고, 변덕스럽고, 위선적이며, 탐욕적입니다. 그들은 사랑을 주더라도 이익을 챙길 수 있는 기회가 생기면 그 사랑을 쉽게 배신합니다. 또한 인민은 일반적으로 겉모습만 보고 남을 판단하고, 과정보다는 결과에 의해서 설득됩니다(《군주론》 18장).

이렇게 다루기 힘든 인민을 통제하기 위해서 마키아벨리는 군주에게 자애로움보다는 사자의 무력과 여우의 간교함이 필요하다고 주장합니다. 마키아벨리가 젊은 시절 목격한 피렌체 최고 권력자 지롤라모 사보나롤라의 갑작스러운 몰락은 그에게 인민이 얼마나 변덕스럽고 위험한 존재인지를 깨닫게 해준 사건이었습니다. 마키아벨리는 사보나롤라가 몰락한 원인이 인민을 통제할 강력한 군대의 부재에 있으며, 외적으로부터의 방어를 위해서뿐 아니라 자국의 질서 유지를 위해서라도 군주가 강력한 군대를 가져야 함을 누이 강조합니다. 또한 그는 군주가 인민으로부터 사랑받는 것보다는 두려움의 대상이 되는 편이 낫다고 말하기도 합니다. 인간은 자신들이 사랑하는 사람에게는 쉽게 해를 가하지만, 두려워하는 사람에게 해를 가하는 것은 주저하기 때문입니다.

이것은 꼭 군주의 안전만을 위해서는 아닙니다. 마키아벨리는 지나친 동정심은 인민을 방치해 무질서를 유발할 수 있기 때문에 공동체의 안정을 위해서라도 군주가 자신을 두려움의 대상으로 만들 필요가 있다고 당부합니다 《군주론》17장).

인민을 통제하기 위해서 필요한 것은 무력만이 아니며 때로는 간교한 술책도 필요합니다. 《군주론》5장은 오랜 자유의 전통을 가진 도시를 점령하고 통치하려면 먼저 어떤 조치를 취하든 그 주민들을 분열시켜 찢어놓아야 함을 강조합니다. 또한 잔혹한 행위를 실행해야 할 때는 면밀히 검토한 후에 단번에 저지르고 끝내야 하며, 그런 일이 자주 되풀이되지 않도록 주의해야 합니다. 그래야 인민들이 그것의 가혹함을 덜 느끼고 감정도 덜 상하기 때문입니다. 반대로 은혜를 베푸는 것은 조금씩 자주 베풀어야 그 향취가 오래 지속될 수 있습니다.

이렇게만 본다면 《군주론》은 인민을 단순히 통제의 대상으로 보고 그들을 효과적으로 다루는 데 필요한 술책만을 제공하는 듯 보입니다. 하지만 《군주론》에서 마키아벨리가 반복적으로 당부하는 것은 군주가 인민의 호의를 얻는 것이 무엇보다 중요하다는 것입니다. 《군주론》19장에 따르면 내부자의 배신으로부터 군주가 안전을 확보하는 가장 확실한 길은 인민으로부터 지지를 얻는 것입니다. 음모를 꾸미는 사람이 군주를 없애는 것이 인민을 불쾌하게 만들 것이라는 사실을 알게 되면 그런 일을 벌일 용기를 낼 수 없기 때문입니다. 또한 외적의 침략을 격퇴하기 위해선 견고한 요새도 중요하지만 군주가 인민들과 단합하는 것이 중요합니다. 그러기 위해서 군주는 백성들에게 재난이 곧 끝날 것이라는 희망을 주어야 하며, 적의 잔인함에 대해 백성들이 두려움을 갖도록 만들어야 합니다.

《군주론》9장은 인민의 본성에 대해서도 다른 장과는 조금 다른 이야기를 합니다. 여기에서 마키아벨리는 귀족과 인민 둘 중에서 인민의 지지를 받는 것이 군주에게 더 좋다고 말하는데, 귀족을 만족시키려면 다른 사람을 해치거나 불공정한 행동을 해야 하지만, 인민은 그저 억압받지 않기를 바랄 뿐이어서 만족시키기가 더 쉽기 때문입니다. 그런 점에서 인민의 목적은 귀족의 목적보다 더 명예롭습니다. 결정적으로 인민의 수는 너무나 많고, 그들과 오랫동안 함께 살아야 하기 때문에 마키아벨리는 군주가 반드시 인민을 자기편으로 만들어야 한다고 강조합니다.

《군주론》이 인민을 바라보는 시각은 지극히 현실적입니다. 그들은 배은망덕하고 변덕스러우며 무질서하죠. 하지만 마키아벨리는 그들의 지지를 얻는 것이 군주의 안전과 성공을 위해 무엇보다 중요함을 거듭 강조합니다. 전자의 시각이 통치자의 입장을 대변한다고 본다면, 후자는 《로마사 논고》에서 좀더 분명해지는 공화주의의 단초를 드러내고 있습니다. 얼핏 상충되어 보이는 《군주론》의 인민에 대한 두 시각은 피렌체의 안전, 나아가 이탈리아의 평화라는 목표를 위해 때로는 군주정에서, 때로는 공화정에서 동분서주했던 마키아벨리의 삶을 반영하는 듯 보입니다.

종강

《군주론》강의,
그 뒷이야기

마키아벨리 선생님께 보내는 편지

마키아벨리 선생님께

잘 지내고 계신지요?

선생님께서 떠나신 뒤

저는 일상으로 돌아갔습니다.

1,200원 입니다.

낮에는 아르바이트를 하고

밤엔 지친 몸을 고시원에 누였습니다.

열심히 일해도 생활은 나아지지 않았어요.

이대로 아르바이트만 하다 인생이
끝나는 것은 아닌가 싶었지요.

그때 저에게 한 사람이 나타났습니다.

어서오세…

유비 님이시죠?

《군주론》수업 들으셨던…

선생님 수업의 조교였어요.

제갈량이라고 합니다.

처음으로 제 이름을 말씀드리네요.

알고 보니 저희 유투브 채널 구독자였더군요.

장비의 삼겹살 10인분 먹방
채널 도원결의

 chegal
ㅋㅋㅋ재밌어요.

그는 저희와 합류하여 유투브 영상의 제작과 편집을 담당했습니다.

좀더 청취자와 소통해야

그의 능력은 놀라웠어요. 그가 제작 지휘한 영상은 엄청난 인기를 끌었고

 만들기

관우의 노량진 탐방
조회수 1.2M

 장비의 피자 3판
조회수 1.5M

저희는 유명 유투버가 되었습니다.

방퉁님, 후원금 만 원 감사합니다!

[LIVE] 유비의 생존요리 - 카레떡볶이

늘 의견이 일치한 것은 아니었지만

형주를 손에 넣으셔야 합니다.

그것은 예에 어긋나는 일이오.

어휴~《군주론》수업 들은 건 다 어디 갔어요?

그의 매니지먼트 덕택에 저희는 중원의 주목받는 세력으로 성장했습니다.

이후 동오의 손권과 손을 잡고

역적 조조를 벌하기 위한 전쟁에 나섰습니다.

조조군과 대치하고 있는 지금 이곳은

양쯔강 남쪽의 적벽이란 곳입니다.

유비 님, 들어가도 되겠습니까?

네, 들어오세요.

유비 님.

제갈량 님.

내일 아침 저는 동남풍을 부르는 기도를 하늘에 올릴 예정입니다.

꺄~♡ 멋져!

바람의 방향이 바뀌면 화약을 실은 배가 조조군의 진영에 충돌할 것이고

적군은 아수라장이 됩니다.

그러면 유비 님께서는 제가 알려드린 장소에서 기다렸다가 도망치는 조조를 치십시오.

《만화 삼국지》가 아니니까 자세한 내용은 생략할게요.

오늘은 일찍 주무세요.

네, 굿나잇.

얼른 쓰고 자야겠다.

마선생님.

운명의 절반은 우리 손에 있다고 하셨죠.

하지만 노량진 고시원의 비좁은 방 안에서

저는 제 운명이 두려워 눈물을 찔끔거리곤 했습니다.

운명에 버림받아 곤두박질치는 사람들의 모습을 볼 때면

POLICE LINE   POLICE LINE

NEWS | 빌라에서 일가족 3명 동반 자살

인생의 무게가 너무나 버겁게 느껴지곤 했습니다.

상하차 알바의
택배 박스
무게도요

과연 운명은 극복할 수 있는 것일까요?

기절

《군주론》은 결코 자포자기해서는 안 된다고
이야기합니다.

용기를 가져라.

어차피 결과가 우리 손에 있지 않다면

용기를 갖고 최선을 다해 싸우는 것이
인생에서 우리가 해야 할 일이다.

주저하지 말고 운명에 맞서라.

으라차!

그것이 절망에 빠져 있던 제게
《군주론》이 준 메시지였습니다.

이 편지가 선생님께 닿지 못할 것을
알고 있습니다.

하지만 내일이 오기 전 제 다짐을
말씀드리고 싶었어요.

선생님, 저는 더 이상 두려워 움츠리지
않겠습니다.

아무리 운명이 저를 짓누르더라도

용기를 갖고 끝까지 나아가겠습니다.

보고싶어요, 선생님.

다시 만날 때까지
건강하세요.

안녕, 마키아벨리

로마 함락 후 집으로 돌아온 마키아벨리는

얼마 지나지 않아 병으로 몸져 눕게 되었다
(복막염으로 추정).

이제 그는 죽음을 예감했다.

국민연금 수령 개시도 못 해보고···

마지막을 준비하는 병상에서

그는 꿈을 꾸었다.

실례지만, 이게 무슨 줄인가요?

천국으로 들어가는 줄입니다.

선량하고 성실한 삶을 산 덕택에 이 길을 갈 수 있게 됐어요.

시끌시끌 !@#$#$%

옥신각신

네가 옳네 내가 옳네

실례지만 선생님들, 무슨 얘기를 그렇게 열정적으로 하고 계신가요?

국가의 역할에 대해 토론하는 중이었네.

자넨 누군가?

전 마키아벨리라고 합니다만…

난 플라톤이라고 하네.

만나서 반갑군.

네?! 선생님이 그 유명한 플라톤?!

… 지루한 천국에서 살 바엔

지옥에서 현자들과 함께 지내겠다고 했지.

ㅋㅋㅋ

그래 그래. 농담하는 걸 보니 아직 팔팔하구만.

얼른 쾌차하시게.

마지막을 앞둔 병상에서도 친구들에게 농담을 던졌던 마키아벨리는

1527년 6월 21일 조용히 숨을 거두었다.

그의 유해는 다음 날 피렌체의 산타 크로체 성당에 묻혔다.

1529년 2월 교황은 카를 5세의 이탈리아 반도 지배권을 인정했고

피렌체의 공화국 정부는

이듬해 카를 5세의 군대에 의해 멸망했다.

베네치아를 제외한 이탈리아 반도는 곧 카를 5세의 지배하에 들어갔다.

마키아벨리가 꿈꿨던 자주 국방력을 갖춘 통일 이탈리아는

그로부터 약 350년이 지난 후에야 실현되었다.

이탈리아 통일
운동의 주역
주세페 가리발디
(1807 ~ 1882)

지식인층 사이에서 인기를 얻었던
《군주론》은

1559년 교황 바오로 4세에 의해
금서로 지정되어 출판이 금지되었다.

선량한 그리스도교인
에게 적합하지 않다.

출판, 판매 금지!

1569년에는 'machiavellian'이란 단어가
영어사전에 수록되었고

machiavellian : 정치와 일반적인
행동에서 이중적 태도를 보이는

1590년 크리스토퍼 말로의 희곡 〈몰타 섬의
유대인〉에는 마키아벨리 역할이 등장했다.

나는
마키아벨리.

내게 감탄하는 이는
나를 가장 미워하는
자라오.

어떤 이는
내 책을 대놓고
비방하지만

그래도 내 책을 읽고
교황의 자리에
오르지.

저게 나?!

17세기에 이르러 분위기는 조금씩 바뀌기
시작했다.

루소

볼테르

그 흐름은 계몽주의
사상가들이 주도했다.

이들은 인간 본성에 관한 《군주론》의 솔직한 통찰에 매료되었다.

"우리는 인간이 어떻게 행동해야 하는가가 아니라 실제 어떻게 행동하는가를 쓴 마키아벨리와 여러 사람들에게 큰 신세를 졌다."

프랜시스 베이컨

《군주론》에 담긴 통일 이탈리아의 열망은 19세기 민족주의 사상가들에게도 영감을 주었고,

마 선생님...

헤겔

결과적으로 근대 전체주의 사상에도 영향을 준 것으로 평가받는다.

이탈리아 공산당의 창시자인 안토니오 그람시는

《군주론》이 그린 군주를 억압받는 민중을 위해 혁명을 이끄는 공산당과 동일시했다.

사회주의 혁명 만세!

뭔가 이상해.

오늘날에도 《군주론》은 시대를 초월한 필독 고전으로 전 세계 많은 독자들에게 읽히고 있으며

고등학교 《고전》 교과서에도 수록되어 있어요.

고전

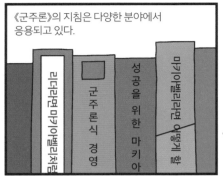

《군주론》의 지침은 다양한 분야에서 응용되고 있다.

리더라면 마키아벨리처럼
군주론식 경영
성공을 위한 마키아
마키아벨리라면 어떻게 할

심지어 웹툰도 나왔다.

정치적 혼란기 속에서 정치가, 소설가, 희곡작가, 역사가 등 다양한 삶을 살며 시대와 인간을 고민했던 마키아벨리.

IL PRINCIPE

그는 《군주론》 안에서 각 시대마다 새로운 화두를 던지며

영원히 현재와 함께 살아 숨쉬고 있다.

안녕하세요.

팟캐스트 '빨간웹툰'의 진행자 이초선입니다.

얼마 전 홍세훈 작가의 《노량진 군주론》이 완결되었죠?

저도 여기 등장인물로 출연했는데요.

완결 기념으로 작가님을 모시고 이야기를 나눠보…

응-?!

장 피디님, 작가님은 어디 가시고 유비 연기 하신 분이 나온거죠?

어? 저분 초대 안 했는데…

저기…

제가 작가입니다.

스윽

쿵

예에?!

지금까지 유비를 연기하셨던 분이 작가님?!

엄청난 반전이네요. 직접 연기를 하신 이유가 있나요?

에혀, 이유가 뭐겠어요.

제작비도 부족하고 경기도 어렵고…

……

비용 아껴야죠.

네… 알겠습니다.

끝나고 뒤풀이 하는거죠?

완결 소감 한말씀 부탁드려요.

마지막회 원고를 넘긴 날 창밖엔 벚꽃이 만개해 있었습니다.

방금 내린 커피를 마시며

그런 생각이 들더군요.

'이제 실업자야…'

슈우우우

주르륵

자학 개그 좀 그만해!

《노량진 군주론》을 연재하시게 된 계기를 말씀해주시겠어요?

교양 만화를 주로 그리는 작가로서 고전의 만화화는 늘 염두에 두고 있었어요.

《월든》
《장자》
《자유론》…

그러다가 출판사의 제안으로 《군주론》을 처음 접하게 되었습니다.

이것도 한 번 보세요

출판사

《군주론》의 조언들은 지금 들어도 파격적이었고

인간들이란 잘 보살펴주든지, 아니면 완전히 파멸시켜야 합니다.

긴 역사 속에서 온갖 비난을 받던 책이 지금 고전의 자리에 올랐다는 사실도 재미있었죠.

IL PRINCIPE

르네상스의 황금기에 파란만장한 삶을 살았던 마키아벨리의 인생도 제 관심을 끌었습니다.

코메 스타이?
(Come stai, 잘 지내?)

그래서 이 작품을 그리기로 했습니다.

근데 사실 이 만화 외에 딱히 할 것도 없어서…

고료만 주시면 다 해요

읽을 때 독자들이 생각해 주길 바란 점이 있다면요?

많은 사람들이 《군주론》을 일종의
자기계발서로 읽곤 합니다.

은혜는 나눠서
여러 번 베풀어라

물론 《군주론》에는 오늘날에도
유효한 지침들이 많이 있지요.

하지만 《군주론》은 어디까지나 500년 전
이탈리아의 군주를 위한 지침서입니다.

《군주론》에서 처세술보다는 인간 본연의
모습에 대한 솔직한 통찰을 읽고

그것 그대로 음미하는 것도 좋을 것 같습니다.

하지만 결국
읽는 사람 맘!

암요.

또 하나 《군주론》에서 보아야 할 점은 운명과
인간의 의지에 대한 고찰입니다.

인간은 왜 성공 혹은 패배하는가?

어디까지 스스로의 운명을 개척할 수 있는가?

마키아벨리는 평생 이 질문과 끊임없이
씨름했던 것 같습니다.

여러분은 어떻게
생각하시나요?

《군주론》을 통해 스스로
생각해보는 시간을 가지는
것도 좋을 것 같습니다.

괄호 열고
끝…?

작가님, 그건 안
읽으셔도 돼요.

이제 밥 먹으러
가나요?

아직
안 끝났어요.

향후 계획!
향후 계획!

아, 《노량진 군주론》은 곧 책으로
출간될 예정입니다.

현재 편집 작업 중이에요.

간간이 밀린 게임도 하고,
새로 나온 미드도…

오늘 나와주셔서
감사합니다.

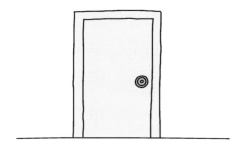

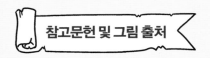

참고문헌

1. 논문

Curry, Patrick, *Introducing Machiavelli: a Graphic Guide*, Icon Books Ltd,. 2015.

Dietz, Mary G. "Trapping the Prince: Machiavelli and the Politics of Deception," *The American Political Science Review 80. 3*(1986), pp.777~799.

Machiavelli, Nicolo, *The Prince*, Trans. W. K. Marriott, Wisehouse Classics, 2015.

2. 단행본

김경준, 《지금 마흔이라면 군주론》, 위즈덤하우스, 2012.

김상근, 《마키아벨리》, 21세기북스, 2013.

───, 《사람의 마음을 얻는 법》, 21세기북스, 2011.

니콜로 마키아벨리, 강정인 · 김경희 옮김, 《군주론》, 까치글방, 2016.

─────────, 김종원 옮김, 《군주론》, 위즈덤하우스, 2017.

─────────, 강정인 · 안선재 옮김, 《로마사 논고》, 한길사, 2016.

─────────, 곽차섭 편역, 《마키아벨리와 에로스》, 지식의풍경, 2002.

로베르토 리돌피, 곽차섭 옮김, 《마키아벨리 평전》, 아카넷, 2000.

마이클 화이트, 김우열 옮김, 《평전 마키아벨리》, 이룸, 2006.

모리치오 비롤리, 김동규 옮김, 《HOW TO READ 마키아벨리》, 웅진지식하우스, 2014.

시오노 나나미, 오정환 옮김, 《나의 친구 마키아벨리》, 한길사, 2015.

─────────, 오정환 옮김, 《체사레 보르자 혹은 우아한 냉혹》, 한길사, 2009.

에드워드 번즈 · 로버티 러너 · 스탠디시 미첨, 박상익 옮김, 《서양 문명의 역사 · 상》, 소나무 2007.

야코프 부르크하르트, 이기숙 옮김, 《이탈리아 르네상스의 문화》, 한길사, 2011.

J.R. 헤일, D. 톰슨 엮음, 김종술 옮김, 〈마키아벨리와 자급자족 국가〉, 《서양 근대정치사상》, 서광사, 1990, 37~53쪽.

그림 출처

16쪽 마키아벨리 초상화: 산티 디 티토(Santi di Tito), 〈마키아벨리의 초상〉, 1536~1603년, 베키오 궁전 박물관 소장.

24쪽 로렌초 데 메디치 초상화: 라파엘(Raffael), 〈로렌초 데 메디치의 초상〉, 1492~1519년.

60쪽 포르투나 여신의 그림: 핀투리치오(Pinturicchio), 시에나 대성당 바닥 그림, 1500년대, 시에나 대성당 소장.

70쪽 알렉산데르 6세 초상화: 크리스토파노 델 알티시모(Cristofano dell'Altissimo), 〈알렉산데르 6세의 초상〉, 우피치 미술관 소장.

70쪽 체사레 보르자 초상화: 알토벨로 멜로네(Altobello Melone), 〈체사레 보르자〉, 1500~1524년, 카라라 미술관 소장.

78쪽 레오나르도 다 빈치 초상화: 레오나르도 다 빈치(Leonardo da Vinci), 〈자화상〉, 1512년, 레알레 도서관 소장.

79쪽 아몰라 지도: 레오나르도 다 빈치, 〈이몰라 지도〉, 1502년, 영국 왕실 박물관 소장.

129쪽 미켈란젤로의 조각상: 미켈란젤로(Michelangelo), 〈피에타〉, 1498~1499년, 성 베드로 대성당 소장.

130쪽 천장화: 미켈란젤로, 〈천지창조〉, 〈최후의 만찬〉, 1508~1512년, 시스틴 성당 소장.

130쪽 모세상: 미켈란젤로, 〈모세상〉, 1513~1516년, 산 피에트로 인 빈콜리 성당 소장.

139쪽 그림: 존 콜리어(John Collier), 〈체사레 보르자와의 와인 한 잔〉, 1893, 입스위치 아트 갤러리 소장.

150쪽 줄리아노 데 메디치 초상화: 보티첼리(Botticelli), 〈줄리아노 데 메디치의 초상〉, 1478년경, 베를린 국립 회화관 소장.

163쪽 그림: 자크 칼로(Jacques Callot), 〈날개꺾기〉, 1633년, 시드니 뉴사우스웨일 아트 갤러리 소장.

197쪽 그림: 미켈란젤로, 〈천지창조〉, 1508~1512년, 시스틴 성당 소장.

218쪽 그림: 호세 루이즈(José Luiz), 〈알프스를 넘는 한니발〉, 1510년, 카피톨리노 박물관 소장.

277쪽 그림: 보티첼리, 〈성모 마리아의 찬가〉, 1483~1485년, 우피치 미술관 소장.

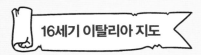

16세기 이탈리아 지도

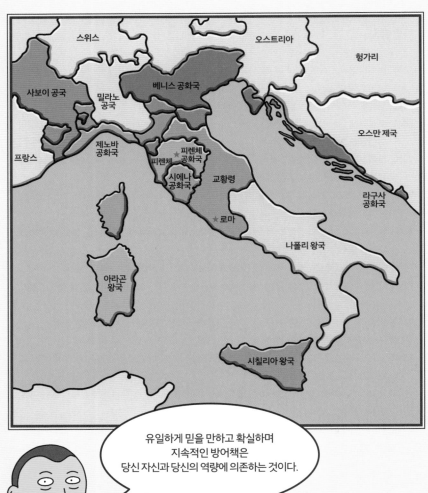

유일하게 믿을 만하고 확실하며
지속적인 방어책은
당신 자신과 당신의 역량에 의존하는 것이다.

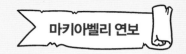

1469년 피렌체에서 베르나르도 마키아벨리와 바르톨로메아 데 넬리의 장남으로 태어남.

1494년 프랑스 샤를 8세의 피렌체 침공으로 60년 동안 집권한 메디치 정권이 축출되고, 사보나롤라의 급진적 공화주의 정권이 수립됨.

1500년 외교사절의 임무를 맡고 프랑스를 방문함.

1502년 로마냐 지역의 체사레 보르자 진영에 외교사절로 파견됨.

1503년 로마로 파견됨. 알렉산데르 6세 사망, 체사레 보르자 실각됨.

1506년 교황 율리오 2세의 교황청에 외교사절로 파견됨.

1507년 신성로마제국에 외교사절로 파견됨.

1512년 프랑스–스페인 전쟁에서 프랑스가 패배함. 소데리니 정권이 축출되고 메디치 정권이 수립됨. 마키아벨리는 실직함.

1513년 반 메디치 일파의 정변 시도에 관계가 있다는 혐의로 투옥됨. 교황 레오 10세의 선출 기념 때 사면되었으나 고향인 산타 안드레아에서 유배 생활을 하게 됨. 《군주론》과 《로마사 논고》 집필 시작함.

1519년 마키아벨리의 저술 중 첫 번째로 〈만드라골라〉가 출판됨.

1520년 피렌체의 실질적인 통치자였던 줄리오 데 메디치 추기경 (클레멘스 7세)에게 피렌체사 저술을 권유받음.

1526년 클레멘스 7세 교황에게 피렌체사 수필본을 헌정함.

1527년 마키아벨리 사망.

1531년 《로마사 논고》 출간됨.

1532년 《군주론》 출간됨.

노량진 군주론
스타 강사 마키아벨리, 군주론을 강의하다

초판 1쇄 인쇄 2018년 8월 20일 초판 1쇄 발행 2018년 8월 27일

지은이 홍세훈
펴낸이 연준혁

출판1본부 이사 김은주
출판4분사 분사장 김남철
편집 신민희
디자인 김태수

펴낸곳 (주)위즈덤하우스 미디어그룹 출판등록 2000년 5월 23일 제13-1071호
주소 경기도 고양시 일산동구 정발산로 43-20 센트럴프라자 6층
전화 031)936-4000 팩스 031)903-3891 홈페이지 www.wisdomhouse.co.kr

값 15,000원   ⓒ홍세훈, 2018
ISBN 979-11-6220-701-7 03340

국립중앙도서관 출판시도서목록(CIP)

노량진 군주론 : 스타 강사 마키아벨리, 군주론을 강의하다 /
지은이: 홍세훈. ― 고양 : 위즈덤하우스 미디어그룹, 2018
    p. :   cm

ISBN 979-11-6220-701-7 03340 : ₩15000
군주론[君主論]

340.265-KDC6
321.03-DDC23   CIP2018023950